キンダーライムなひととき

Kinderreim

「キンダーライム」は、子どもの歌。
子ども時代には、子どもならではのあそびを。

子どもと一緒に“キンダーライムなひととき”を

わたしは、ただいま子育て真っ最中です。子どもとの生活のなかで、「このあそびおもしろいよ」「これをしたら、子どもたちの表現がこんなに広がったんだ」と思うことがいっぱいあります。それを息子たちに手伝ってもらって、一緒にあそんで、こんな1冊の本になりました。

「キンダーライム〜Kinderreim」とは、ドイツ語で「童謡」、子どもの歌のことです。シュタイナー教育では、幼いときに、わらべ歌のような、やさしくこころに響く歌をうたいます。

この本にこの名をつけたのは、子どもたちに子どもならではの歌をうたってほしい……つまり、幼いうちから刺激の強いもので、魂が殺《そ》がれてしまったり、また学校に行ってから習えばいいような知識や技術をつめ込まれるのでなくて、子ども時代ならではの体験をしてほしい、という願いを込めています。

シュタイナー教育では、幼児期にからだがすこやかに育ち、感覚が豊かに育ち、意志の力が育つことを大切にしています。そして、学齢期にこころを動かして学び、思春期に知識を得ます。そうして成長していくと、大人になってから、"自分で考え、こころを動かし、行動できるひと"になれるのです。

自然のなかで思いっきりあそんだり、身近なひととふれあい、想像力をふくらませ、感覚を豊かに育てられた子どもは、大人になっても、いきいきと生きていけるひとになると思います。

ふたりの息子たちは、それぞれちがう個性や興味をもっていて、「こういうとき、どうしたらいいんだろう?」と迷うことも

たくさんあります。たいへんなこともたくさんあるけれど、シュタイナー教育の人間観を学んだり、まわりのひとたちに教わりながら、子どもの成長の節目節目に、親としてできることをしてあげられたら……と思います。

子どもたちがあそび込み、表現し、創りだしている姿を見られるのは、大きなしあわせです。

電気仕掛けのおもちゃより、自分のからだをつかって、想像力をふくらませて創りだしたものって、うれしいし、たのしい。そんなふうにあそべる子どもなら、テレビやコンピューターゲームなんて、いらないんです。

この本を見ながら「これ、やってみようかな！」って思っていただけたらうれしいです。そして、子どもにやらせる、というよりも、大人もたのしんでしまいましょう。

絵も手仕事も、自分でやってみるとむずかしさがわかったり、子どもが夢中になる気持ちがわかったりします。やっているうちに、子どもそっちのけでたのしんでしまうこともあるかもしれないけれど、そんな夢中になってる姿を子どもに見せてあげるのもいいと思いますよ。子どもたちは、いきいきと生きる大人を見てうれしく思い、その姿をまねするからです。

流れる日々のリズム、めぐってくる季節のリズムのなかで、これからご紹介するあそびをたのしんでくださいね。

わたしと子どもたちのある日

きょうは日曜日。朝も、昼も、夜も、たっぷりあそびます。

日曜日。幼稚園も学校も、きょうはお休み。
いつもの朝はドタバタと忙しいけれど、
きょうはのんびりたのしもう。
子どもたちが起きるまでは、わたしだけの時間。
4時頃に起きて、好きなCDをかけて、
コーヒーを飲みながらひと仕事。
絵を描いたり書道したりすると、集中するのに
こころは解放されてとっても気分がいいのです。
本棚の本をぱらぱらとめくりながら、
ときどき新しい発想をもらうこともあります。
さあ、もうすぐ子どもたちが起きる頃だな。
きょうは一緒に何しよう?

「おはよう」

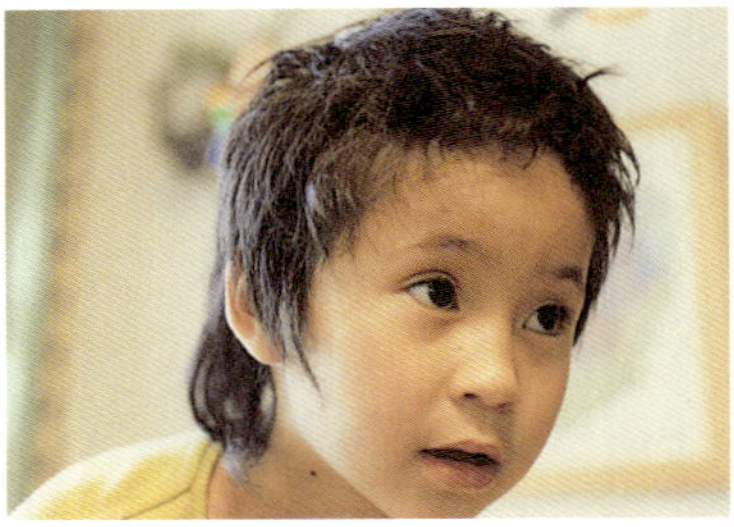

はじめに目をさましたのは、ヒロスケ。
朝起きたときから、「きょうは何をつくろうかな」と、目を輝かせてる。ものづくりと、ヴァイオリンが大好きな7歳です。

6:30

「起きたよ」

まだ眠そうにしてる、オウジロウ。
絵本を見るのが何よりも好きな5歳です。お話に出てくる動物も空を飛んでる鳥たちも自分の友だちだと思ってる。

7:00

「さあ、お着替えしよう」

クロちゃんは、子ども部屋の窓のそばにすんでいます。

ウサギのクロちゃんに、菜っ葉をあげて「おはよう」をしたら、おなかがすいちゃった。さあ、お着替えをしよう。

7:30

「朝ごはん」

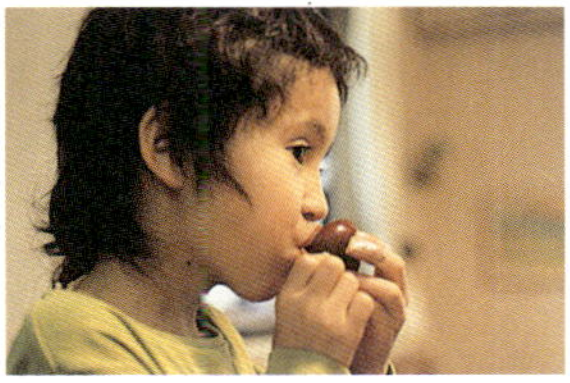

朝ごはんは、パンと野菜のスープ、くだもの。ヒロスケは朝から食欲旺盛。「オウちゃんは、オートミールの朝ごはんが好きなんだ」

汽車の形のマカロニです。

9:00

「お部屋の中でゆったりあそぶ」

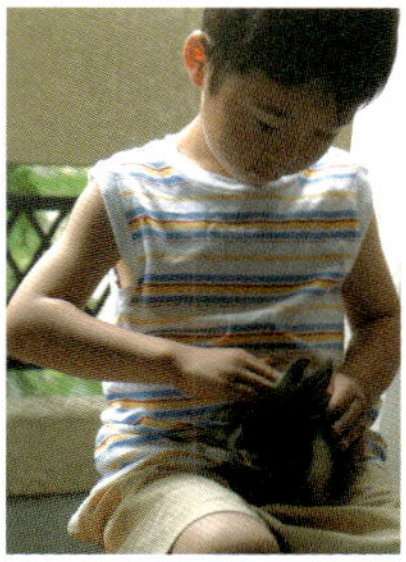

クロちゃんとあそぶオウジロウ

工作したり、絵を描いたり、ごっこあそびをしたり。ママが、お洗濯とかしてる間、ゆったりあそぶ朝のひととき。そんなふうにゆったり描いた絵、つくったものでお部屋を飾るのが、わたしは大好きです。

暑い日なので……
おまけのおやつ
アズキのかき氷

ヒロスケが描いた
「カタツムリとアジサイ」

わたしが編んだ
レース編みのカーテン

墨のマーブリング

10:00

「さあ、お散歩に行こう」

オウちゃんは自転車、ヒロスケはキックスケーターに乗って。川沿いを走って公園へ行こう。「ターザンロープひとりでできるようになったんだ!」「雨降りのあとの水たまりに橋をかけたり、船を浮かべたり、どろんこあそびもおもしろかった」

12:00

「お昼ごはん」

おそばです。

「おなかすいた」

「おいしい、おいしい」

すごいスピードでおそばが
おなかに消えていく。

「ママ、そば湯ちょうだい！」

13:00

「家じゅうであそびまわる」

「大きな紙だ。ワーイ、線路を描いてペーパークラフトの列車を走らせよう」

「お庭で、土いじりもするよ。だって、虫も出てくるもん」

15:00

「おやつ」

おやつはなるべく手づくりで。大好きなホットケーキ。

「たまごわりたいな」

「ぼく、かきまわす」

15:30

「阿波踊りの練習」

毎年参加している高円寺阿波踊り。
週末の午後は「連」で集まり練習。
「ヤットサー、ヤットヤット」

「気持ちいいよ」

「ママがいちばん夢中だけどね」

「踊りタビを
上手にはける
ようになったよ」

「お米をひとつぶ
もこぼさないよう
にしなくちゃ」

「夕ごはん」

お米をといで、ごはんの支度。
「ぼく、貝のごはん好きなんだ。
おかわりいっぱいしてもいい？」

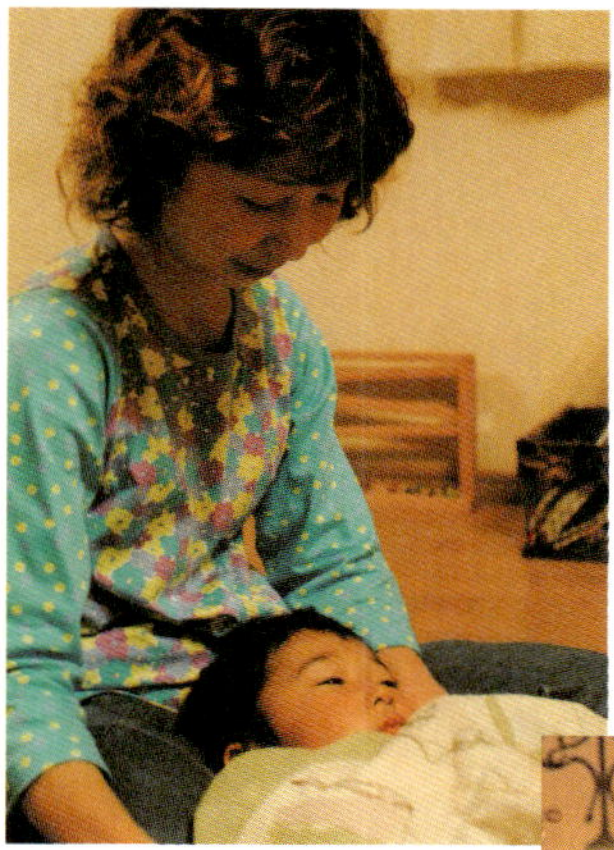

「おやすみなさい」

ヒロスケのヴァイオリンを聴いて
たら眠くなっちゃったオウジロウ。
さあ、おふろに入って寝ようか。

20:00　19:00　18:00

「ヴァイオリンの練習」

ヒロスケが3歳の頃、熱心に
「ヴァイオリンが習いたい」
というので、はじめました。
みんなの、毎日のたのしみ。

「オウちゃんいろんなのひけるよ」
（テキトウだけどね）
「ママのオルガンと合わせるのが、たのしいんだ」

「また、あした」

さあ、ねまきに着替えて、ベッドに行こう。ベッドでは、ふたりがそれぞれに選んだ本をママに読んでもらってから眠ります。ママも、子どもたちと一緒に寝てしまいます。一緒に夢のなかでもあそべるといいな。

もくじ

春のひととき

夏のひととき

季節ごとにまとめてありますが、
気の向くままに、いつの季節
でもたのしんでくださいね。

秋のひととき

冬のひととき

テーマ別さくいん

タンポポさんから、色をもらおうね

何色かなぁ

春のひととき ①

タンポポで染めよう

春色ってどんな色?

春の訪れがうれしい
タンポポからもらった、
ほんのり色。

春に咲く草花……というと、まっさきに「タンポポ」が浮かぶひとが多いのではないでしょうか。黄色い、丸いタンポポが、道ばたや野原に咲きはじめると、「もう春だなぁ」とほのぼのとした気分になります。

さて、このお花をつんで「タンポポの草木染め」をしましょう。はっきりとした濃い色にはなりませんが、ほんのり淡い黄色に染まりますよ。

タンポポつみもたのしいです。「タンポポさん、きれいな色をくださいね」と、お話しながら。

そうしてつくったタンポポの液に、白い羊毛を浸したとたん、色がぱあっと変わって、子どもたちの目もぱあっと輝きました。

「わあ、きれい！」

「おいしそう」（えっ？）

身近にある植物から布などが染まることは、子どもたちにとって大きな驚きと発見です。こんなふうにもののできあがっていく過程を、見せてあげられたらと思います。

染めあがった羊毛を丸くまとめてタンポポみたいな飾りをつくってみました。お部屋の一角に春がきたみたいです。

羊毛のほかにも、ハンカチや、和紙などを染めてもすてきですよ。

タンポポで染めよう

まず外へ出て、
タンポポの花を
たくさん
つんできましょう

［用意するもの］

タンポポの花（染める羊毛の重さの3〜5倍）、羊毛、鍋（2つ）、ミョウバン（羊毛100gに対して3g。媒染剤。薬局で手に入ります）

1 お鍋にぬるま湯を入れて、ミョウバンを溶かします。その中に羊毛を入れ、中まで浸かるようにします。

！ 固くなるので、羊毛はもまないようにします。箸で押すくらいがいいでしょう。

2 もうひとつのお鍋にタンポポの花を入れ、花が浸るくらいぬるま湯を注ぎ、火にかけます。沸騰する前に火からおろし、花をもんで色素を出します。

3 花を取り出して、染液のできあがりです。

おいしそう!?

4 40℃に冷ました染液の中に羊毛を浸します。もう一度火にかけ、沸騰する前に火からおろし、そのまま冷めるまで置きます。

5 羊毛を取り出し、流水の中でふり洗いしてすすぎ、洗濯機で脱水し、干します。

6 やわらかい色に染まりました。タンポポの葉で染液をつくって染めた羊毛も、緑色がきれいです。

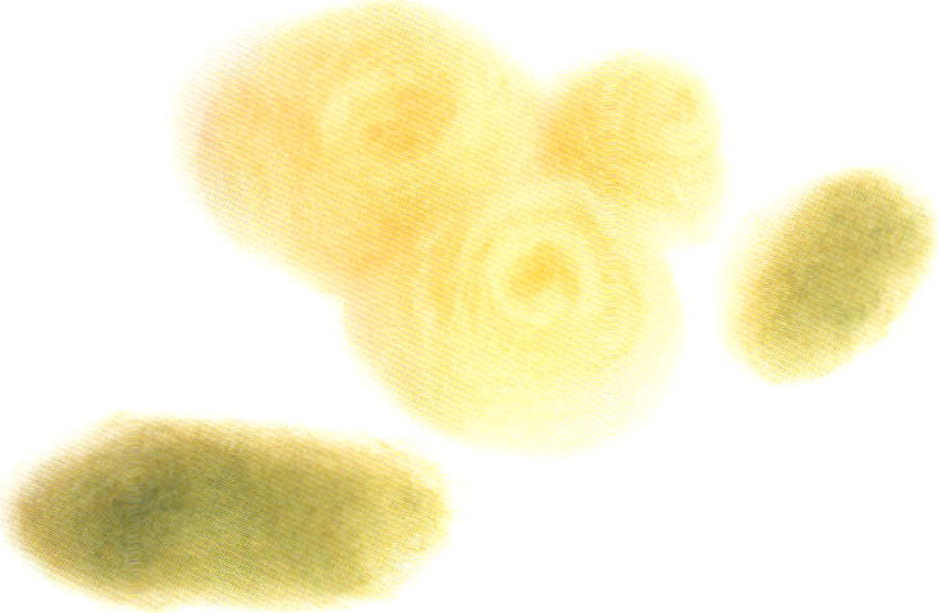

染めあがった羊毛を丸くまとめ、「フェルトニードル」（p80〜83で紹介）を使い、つくってみました。

右は、ホワホワとやわらかい色合いのタンポポの飾り。金具をつけてブローチにしてもよさそう。左はゴムの輪をつけてヘアゴムに。プレゼントのリボン代わりに使ってもよろこばれそうです。

ジャム屋さんになろうか

こんどは、何のジャムつくろうか

おいしい
いちごジャム

とろ〜りあまくできるかな？

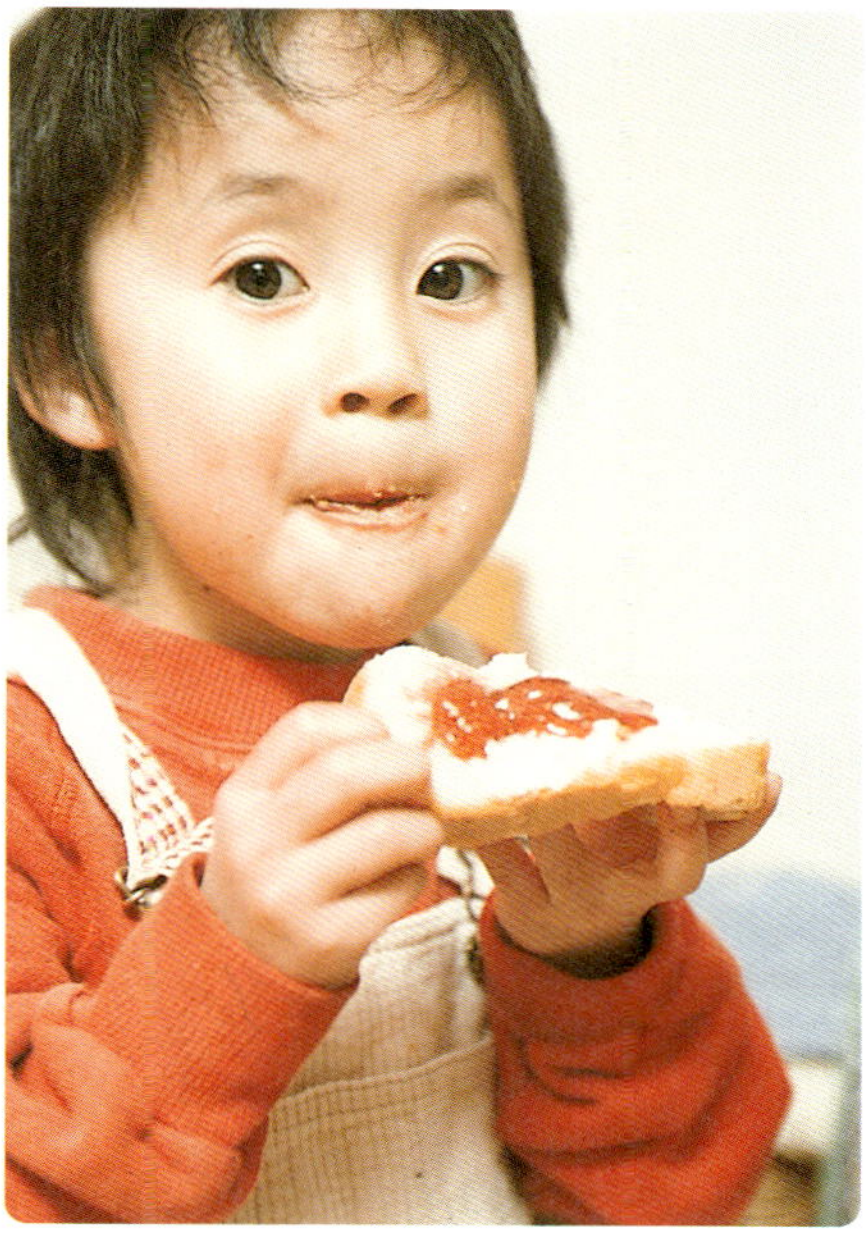

15

ぼくのジャムができたら
きれいに飾って
プレゼントにしようよ。

季節のくだもので、手づくりジャムをつくりましょう。

くだものをたくさんいただいたり、くだもの狩りをしたりして、3人では食べきれないようなとき、わが家ではよくジャムにしてしまいます。キウイ、ぶどう、洋梨……。ジャムにすると、またしばらくの間、おいしくいただけますから。

春ならいちご、ほかの季節でも、ブルーベリーやりんご、バナナなど、いろいろ試してみてくださいね。

「ジャムはお店で買うもの」と思っている子どもたちが多いかもしれませんね。なんでも買える世のなかですが、シュタイナー教育では、既製のものを与えてしまわないで、ものの成り立ちを見せたり、一緒につくって体験することを大切にしています。

自分でつくったものが、生活のなかで役に立つことはうれしいことですし、「つくりだす」ことは生きていくときの大きな力になるでしょう。

できあがって、お鍋の中をのぞき込むうれしそうな顔。さあ、パンにのせて食べましょう。オウジロウは、スプーンに、たっぷりのせてます。

「ちょっと、それ多すぎない？」

たくさんできたら、お友だちにプレゼントしてもいいですね。

おいしい
いちごジャム

1 くだものとさとうをお鍋に入れ、中火で煮ます。火が通ってきたら弱火にして、1時間コトコトと煮ます。

［用意するもの］

お鍋（底が厚く焦げつきにくいもの）、くだもの、さとう（漂白・精製など化学処理されていないもの）をくだものの重さの30～70%くらい、お好みで。空のびん、いくつか。

●下準備

◎空のびんをよく洗って、熱湯にくぐらせて伏せたままにし、水気を切っておきます。

◎くだものを洗い、いちごならヘタを取ります。りんごなどは皮や種を取り、きざんでおきます。

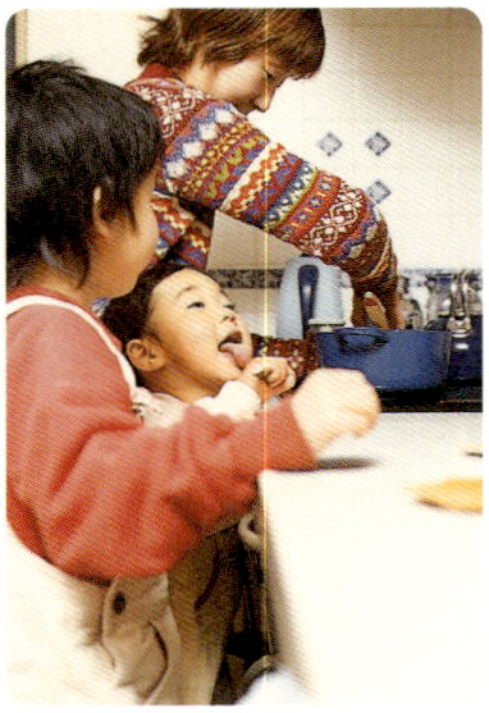

ちょっとお味見……。ペロッ！

2 トロトロになってきたら、火を止めて、できあがり。

ジャムびんもつくろう

手づくりのラベルを貼ってプレゼントに。
気に入ったびんはとっておくと、
いろいろに使えて便利です。

ちいさな紙に絵を描いてラベルをつくります。ラベルは、のりでびんに貼りつけます。

きれいな模様の布をピンキングばさみで丸く切って、お好みのひもで結わえます。この毛糸は、羊毛から紡ぎました。

毛糸のひもを結んで、すてきな春の贈りものができました。

3 熱いうちにジャムをびんの中に入れ、しっかりフタを閉め、びんをさかさに伏せて冷まします。

できたてのジャムをびんの中へ。
少しずつすくって、上手に入れられるかな?
熱いので気をつけて。

ジャムをパンにつけて、いただきまーす。

へんなカエルできたよ

へんだけど、おもしろい！

蜜ろう粘土でつくるカエルたち

お部屋に森ができるかな？

いろんな顔がいるね。
雨が降ってカエルさんも
うれしそう。

梅雨の季節。恵みの雨ですが、お外であそべなくて「おもしろくないなあ」と思っている子もいるでしょう。

雨の日も、雨がっぱを着て、長ぐつをはいて、ちょっとお散歩に出てみましょう。ピチャピチャ、パチャパチャ……水の音もたのしいし、草木もキラキラしていてきれいです。道ばたでカエルさんに出会うかもしれませんよ。

雨の中で出会った一場面を、お部屋の一角につくってみましょう。水色の布や紙を敷いた上に、蜜ろう粘土でつくったカエルさんをのせてあげます。子どもたちがアヒルや金魚もつくって、お池がもっとたのしくなりました。

シュタイナー教育では、「季節のテーブル」といって、季節を感じられるものを飾る一角を、お部屋の中にしつらえます。

わが家の季節のテーブルなら、こんなふうです。木でできた動物たちが森の中にあそんでいます。その森に、春ならお花を咲かせ、夏は水場ができ、秋は落ち葉や木の実を散らし、冬は羊毛で雪を降らせます。

棚やテーブルの上、窓辺など、「ここがいいな」と思う場所を決めておきましょう。子どもたちはそれを見て、季節の移り変わり、一年のリズム、自然の美しさなどを味わえると思います。

蜜ろう粘土でつくるカエルたち

［用意するもの］

蜜ろう粘土（カエルの色、そのほかつくりたいものの色）

1

蜜ろう粘土を手の中であたため、指先でこねながら、カエルの形をつくります。本物のカエルそっくりの形にならなくても大丈夫。イメージをふくらませながら、形づくっていきましょう。

蜜ろう粘土は、手の中であたためるとやわらかくなってきます。

2 丸い形から手足を少しだけ引き出してみたり、頭の形を整えたりすると、カエルらしくなってきます。

3 ちがう色の粘土で、目や口をつけます。ちいさな子なら、こねた粘土に目をのせるだけでもいいでしょう。

かっこいいカエル、できた!?

カエルさんに、目をつけてね……。

カエルのお友だちもつくりました。これはアヒルです。クワッ、クワッ。

かざってみよう

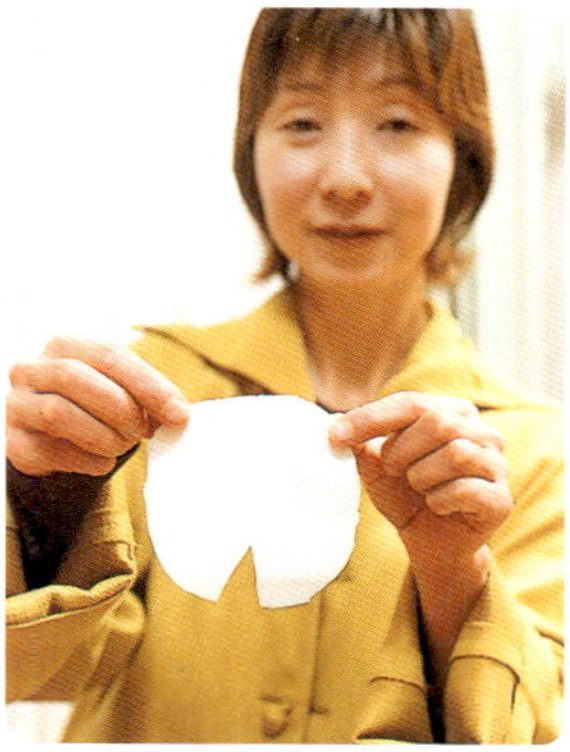

木綿の布をこんな形に切ってみました。クレヨンで色をぬったら、カエルによく似合うスイレンの葉のできあがり!

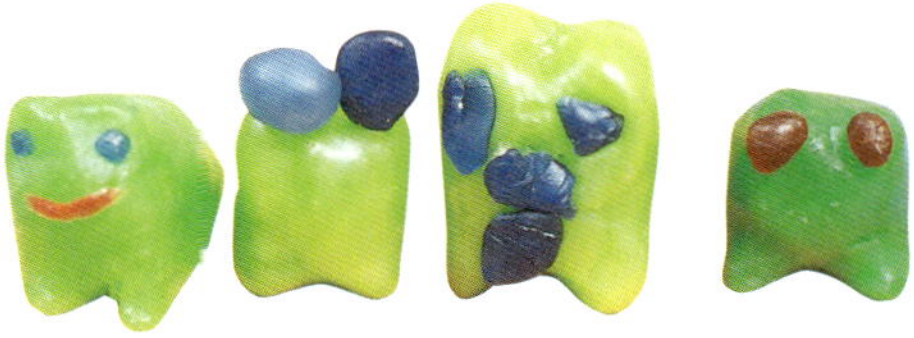

できたカエルを、舞台の上にのせます。舞台は、身近にあるものを使って工夫してみてください。

たとえば土色の布を広げ、その上に水色の布をのせて池に見立てます。アジサイなどの葉をひろってきてカエルをのせたり……。

にぎやかな池ができました。ちいさな子がまるめた粘土は、小石になります。一緒に飾ると、うれしくて、すてきです。

葉っぱのコースターにのせてみました。

goods

◎蜜ろう粘土
6色6枚入り　1,638円
12色12枚入り　2,940円
ドイツ製／シュトックマー
蜂の巣から採った蜜ろうは、天然の抗菌性があって、粘土につく雑菌が繁殖しないそうです。透明感のある色なので、何色も重ねてもうるさくならず、かわいらしく響き合います。

カエル、オタマジャクシ、アヒル、金魚……。
つくったものを舞台にのせると、お話あそびがはじまって……。

これ水たまりの音

ザーザーぶり

雨の日の演奏会

気持ちいい音ってどんな音？

春のひととき ④

いろんなものを鳴らしたら
おもしろい音が
たくさん見つかったよ。

お家の中に、音のするものはどんなものがありますか？

トントンとたたいたり、フーフー吹いたり、キュッキュッとこすって鳴るもの……カップにお豆を入れて封をしたら、マラカスのよう。箱に輪ゴムを張ったら弦楽器。鈴や笛、鉄琴（グロッケン）などのちいさな楽器。いくつか集まったら、まず一つひとつの音を聴いてみましょうか。

子どもたちは、それぞれの音に耳をすまします。

「雨の音みたい」

「歩いてる音」

……などイメージも広がるでしょう。

では、好みの楽器をひとつずつ持って、みんなで合奏してみましょう。

たとえば、「雨の音」。ポツンポツンと落ちる音、ザーザー鳴る音など、いろいろな音が合わさっていきます。

乱暴に鳴らすと、うるさくて気持ちよくないよ。こころを合わせて鳴らすと、なんだかすてきな音楽みたい。

そんな自然なリズムやハーモニーのここちよさを味わったら、今度はなじみの曲に合わせて合奏してみましょう。

雨降りの季節に合わせて『雨』の歌で。一人ひとりの思い描いたこころの情景が合わさって、どんな音楽が生まれてくるでしょう？

カタ
カタ…

あかちゃんのときのガラガラだって、すてきな楽器になるんです。

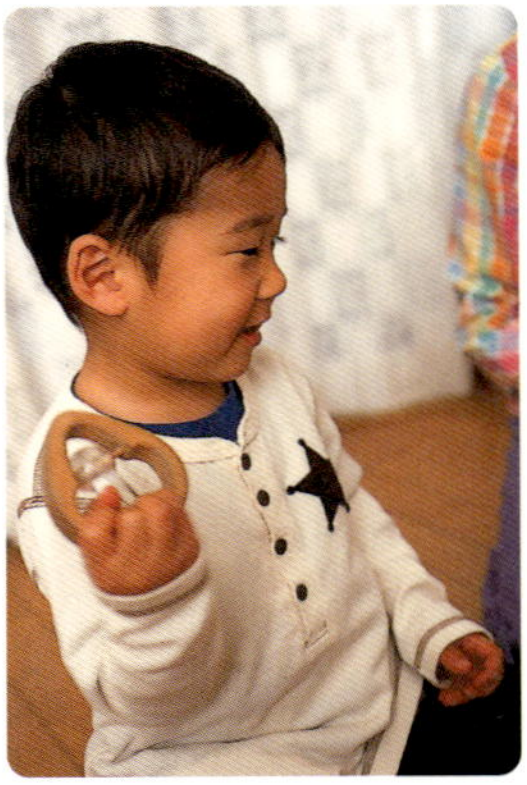

［用意するもの］

グロッケン、ミニシンバル、オカリナ、鈴、木ぎれ（積み木）……そのほか、音のでるものなら、なんでも。

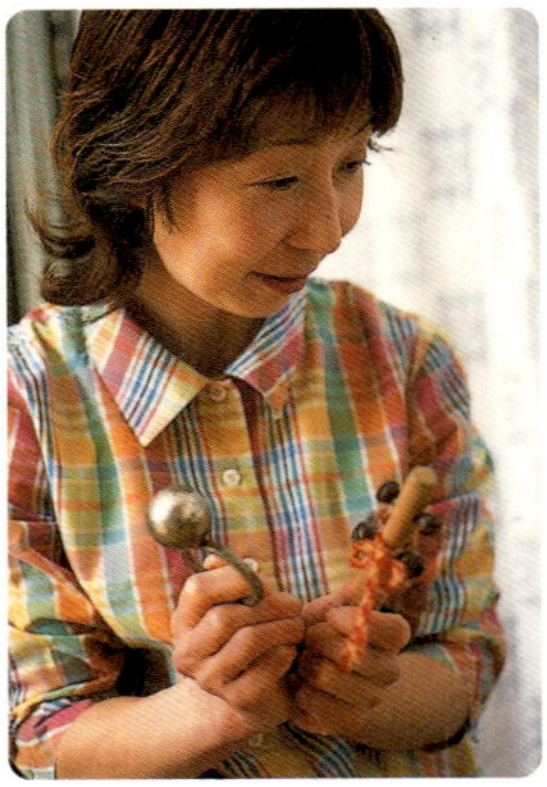

さて、どの楽器にしましょうか……？

いろいろ聴いて、好きなものを選びます。

シャン
シャン！

左手には、棒に鈴をつけた手づくりの楽器。右手にはハーモニーボールのガラガラ。合わせてみたら……？

カン
カン！

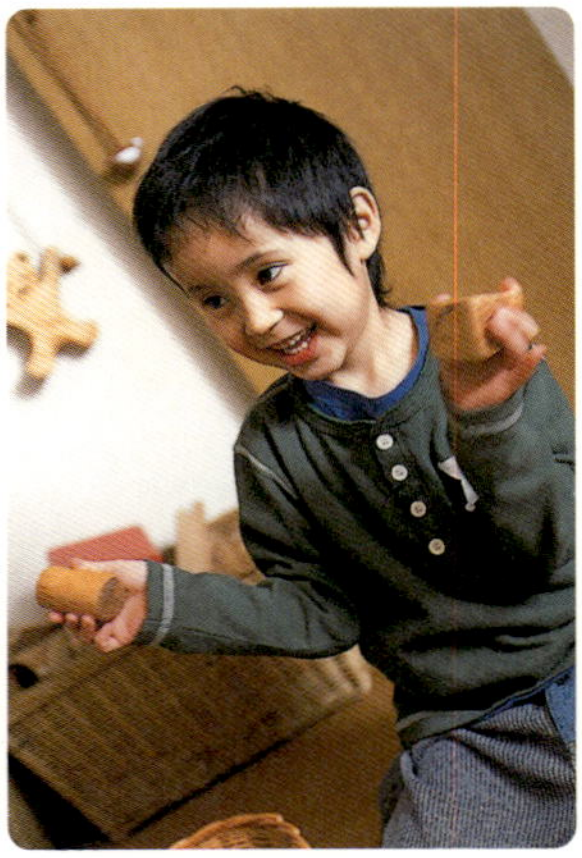

積み木を鳴らすと、どんな音？

オルゴールのメロディーに合わせて、なんていうのも、たのしいですよ。

タン
タン

カスタネットのやさしい音、お気に入りです。

雨

杉山米子／作詞　小松耕輔／作曲

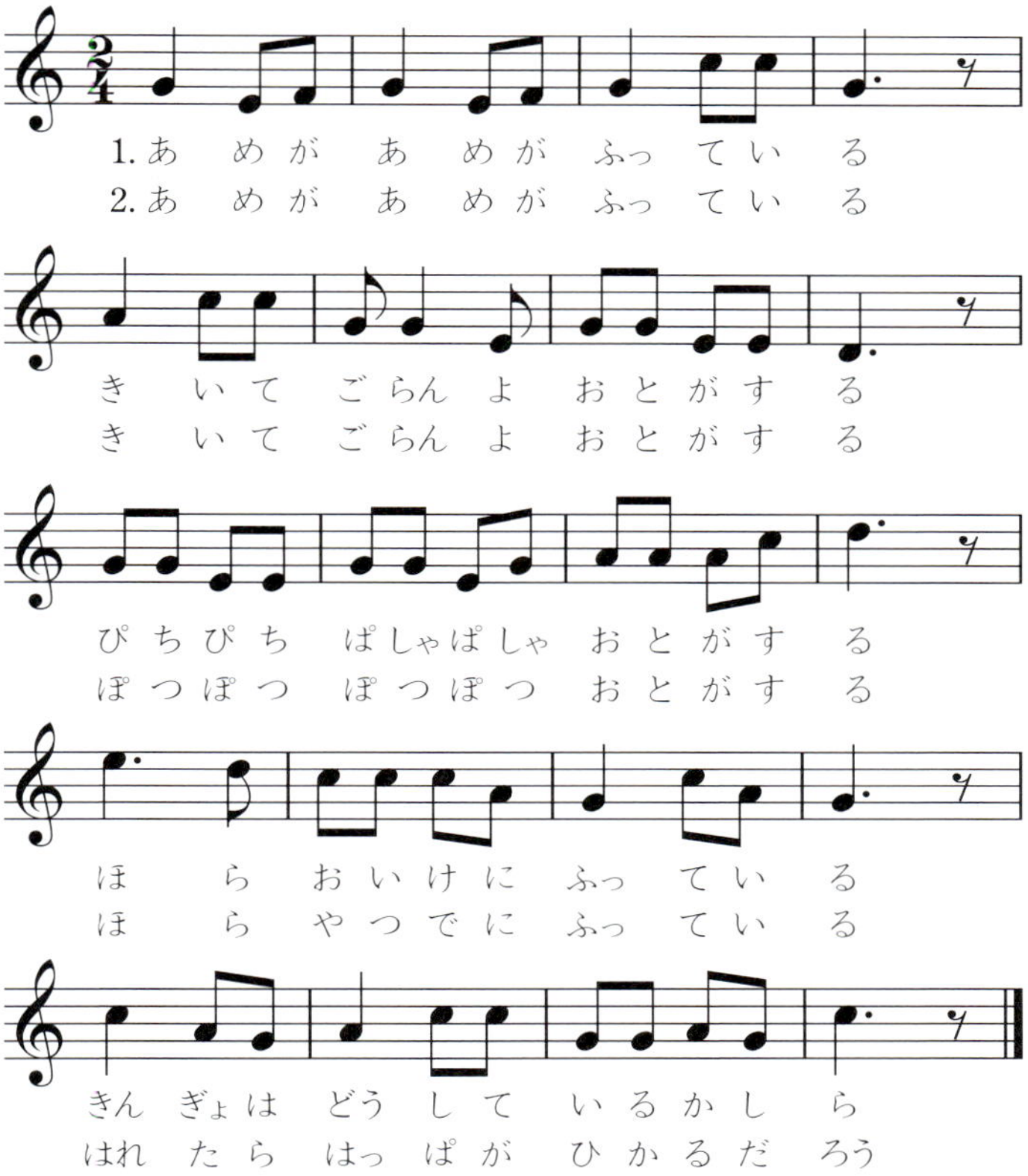

1. あ め が　あ め が　ふっ て い る
2. あ め が　あ め が　ふっ て い る
き い て　ご らん よ　お と が す る
き い て　ご らん よ　お と が す る
ぴ ち ぴ ち　ぱ しゃ ぱ しゃ　お と が す る
ぽ つ ぽ つ　ぽ つ ぽ つ　お と が す る
ほ ら　お い け に　ふっ て い る
ほ ら　や つ で に　ふっ て い る
きん ぎょ は　どう し て　い る か し ら
はれ た ら　はっ ぱ が　ひ か る だ ろう

25

ミニシンバルに、ひもを指にかけてぶら下げて鳴らすときれいな音が。

goods

◎グロッケン・ペンタトニック7音
10.5×19cm　12,915円（打棒2本つき）
スウェーデン製／アウリス
「レミソラシ」のペンタトニックの音階は、無造作に鳴らしても、「わらべうた」のような音楽が生まれます。合奏しても、不協和音にならないので、ここちいいですよ。

みんなで合わせると、たのしいな。

こんどはおズボンもつくろう

靴もつくろう

春のひととき 5

人形の洋服をつくろう

チクチク針で縫えるかな？

お洋服、つくってあげる。
これを着たら、
もっとかわいくなるね。

お子さんのお気に入りの人形はありますか。だっこして眠ったり、おままごとのあかちゃんになったり……子どもの生活のなかで生きているかもしれませんね。

息子たちは、古い布の抱き人形と、わたしの妹がつくってくれたクマのぬいぐるみがお気に入りのようです。ひもでおんぶしたり、おふとんで寝かせてあげたりと、大切なあそび仲間になっています。

以前、ヒロスケが、紙でクマちゃんの洋服をつくって着せていました。からだに合わせて切って、セロハンテープで止めて……と、なかなかすてきなお出かけ着でしたが、脱ぎ着するのがむずかしく、すぐにちぎれてしまいました。それではまことに残念です。

そこで考えたのが、フェルトでつくる洋服です。フェルトは切りっぱなしでもほつれてこないので、端の始末をしなくてもよく、ちいさな子どもにも扱いやすいのです。

こんな服があると、着せたり、たたんでしまったり……と、おままごとにもたのしい広がりが生まれるでしょう。

さて、この洋服をつくってから、ヒロスケはいままで以上にこのクマちゃんに愛着が出た様子。毎日、一緒に寝るようになったんですよ。

人形の洋服をつくろう

［用意するもの］
フェルト、針、色えんぴつ、糸（今回は毛糸でします）、はさみ、ホックやマジック・テープなど、お好みで。

お子さんのできそうなことからしてみてください。ちいさい子なら、見ているだけでも、1回、針を刺してみるだけでもいいと思いますよ。

これはシンプルな形ですので、首まわりに切り込みを入れたり、スナップやマジックテープをつけたり、いろいろ工夫してみてくださいね。

1 洋服の型をとります。2つ折りにしたフェルトに人形をのせ、色えんぴつでおおまかに形をなぞります。

2 なぞった形よりひとまわり大きめのサイズで、布を裁ちます。

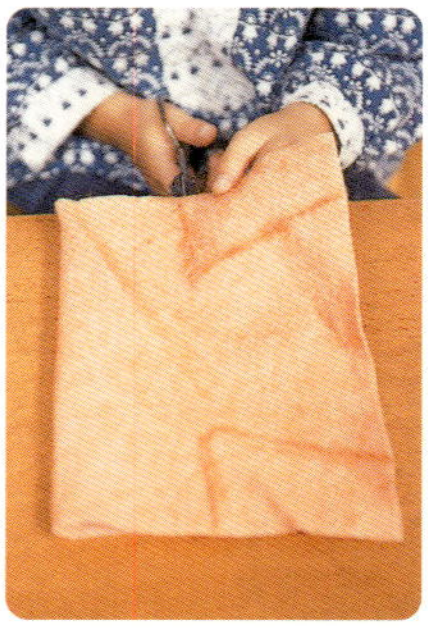

(!) 輪の部分を肩にして型をとり、切らずに残すと、ラクに縫うことができます。

上手に切れました。

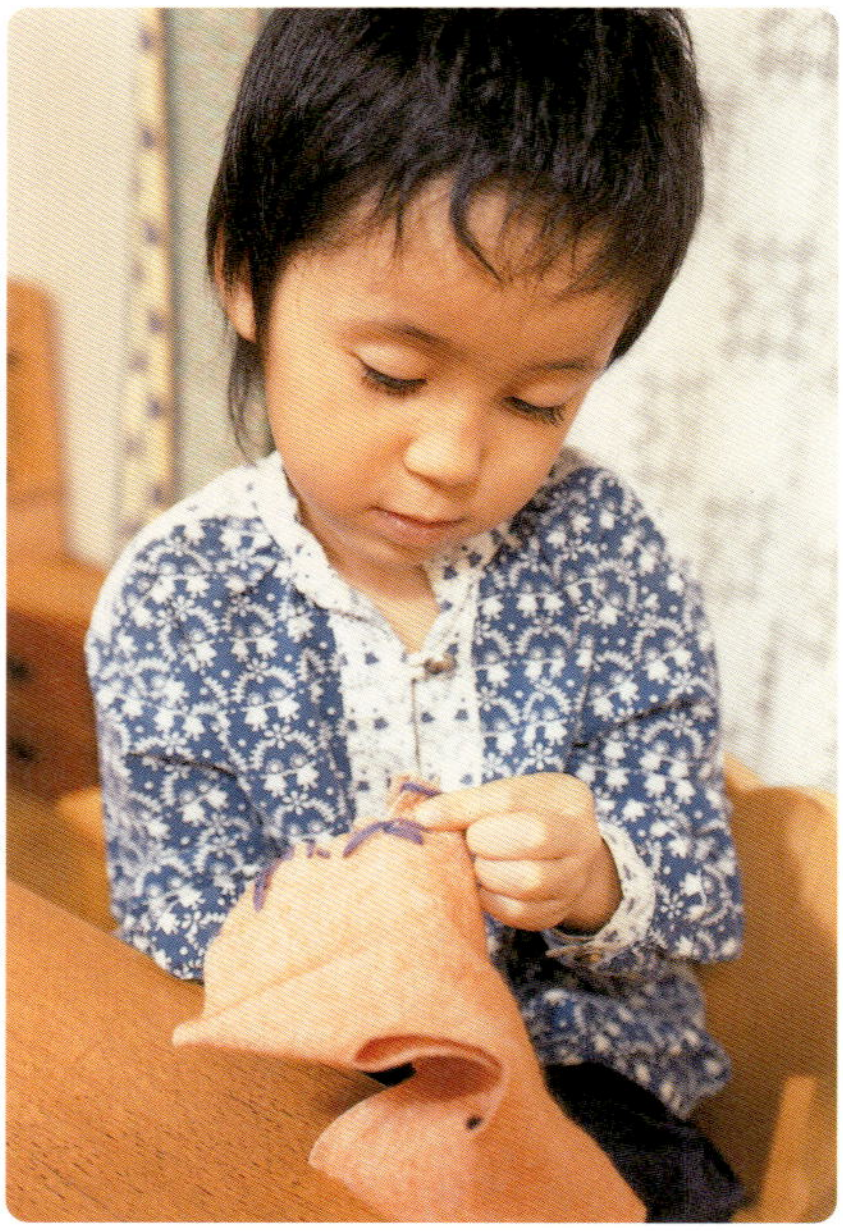

3 洋服の両わきになる部分を、糸でかがると、できあがりです。

(!) なみ縫いよりも、かがり縫いのほうが、できあがりがしっかりします。

着せてみよう

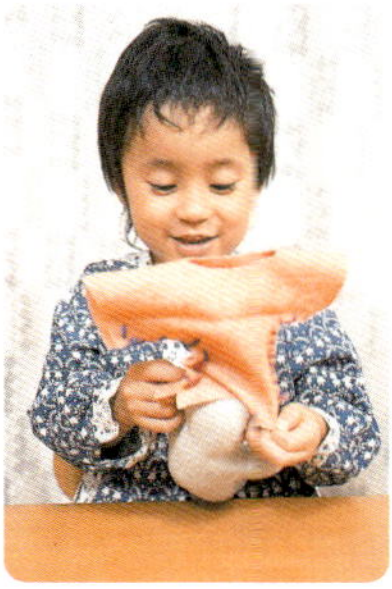

さあ、クマちゃんに着せてみましょう。

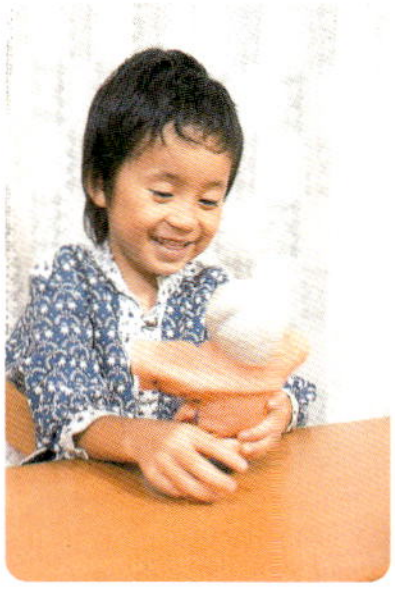

おっ、ぴったり!

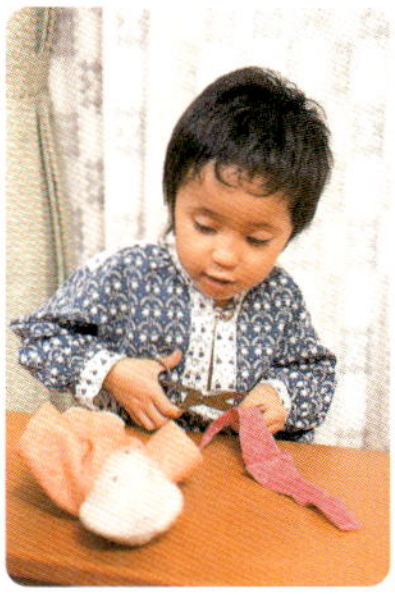

帯があるともっとすてき、と思い立ちました。

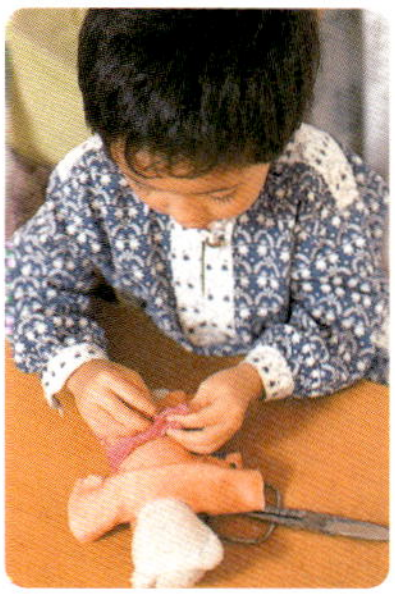

帯を結んであげます。

ジャーン、完成。おしゃれでしょ。

こっちのクマちゃんのもできた!

goods

◎草木染めのフェルト（6色セット）
2,940円
ドイツ製／ウールマニュファクチャー
フェルトは切り口がほつれてこないので、小さな子どもにもあつかいやすいですよ。草木染めは、色を組み合わせても、自然の響きがなんとも美しいです。色はパステル調もあります。

「きょう、だっこして寝たいな」なんて、ますます好きになっちゃいました。

ちょっと
ひとあそび

手あそび・指あそびで

ネズミの散歩

手あそびをすると、子どもたちは歌に合わせてたのしそうにからだを動かしますね。『1本指さんなあに』や『ごんべさんのあかちゃん』などおなじみの歌もあるでしょう。

でも、今回ご紹介するのは、ことばに合わせてする手あそびです。

歌に合わせてからだを動かすだけでなく、手が、登場するものになりきって動きます。

チョロチョロ歩くとき、ネコに見つからないようにそっと動くとき……ネズミさんになりきって動くと、指先はいろいろな表現をするでしょう。壁（服の中）から出るとき、帰るときも、子どもたちはよろこびます。

オウジロウは年齢的にもまだ幼く、どうぶつになりきってしまって、「ネコさん、あそぼう」なんて言って、自分でお話もつくってしまうこともあります。

また、指先がふれることで、からだもいろいろに感じます。くすぐったいとか、気持ちいいとか。さわることが、感覚をめざめさせてくれます。

朝、なかなか目がさめなくてからだが動かないときや、食事が進まないときなど、こんな“手あそび”で気持ちも感覚もいきいきさせてあげましょう。

お話は、みなさんでたのしいものをつくってくださいね。

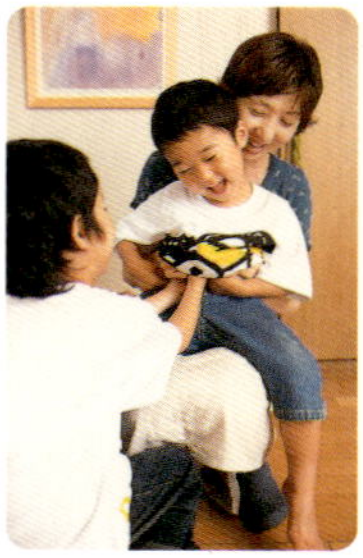

ネズミの散歩

壁から顔出すネズミさん。
お散歩しよう、チョロチョロチョロ。
「あ、ネコだ。静かに歩こう。
　見つからないように」
し－……
お家の中を駆けまわろう。
階段おりて、階段のぼる。
さあ、壁の中にもどろう。

1 壁から顔出すネズミさん。

椅子に腰かけ、片方の手を服の内側に隠して、それからそっと出します。

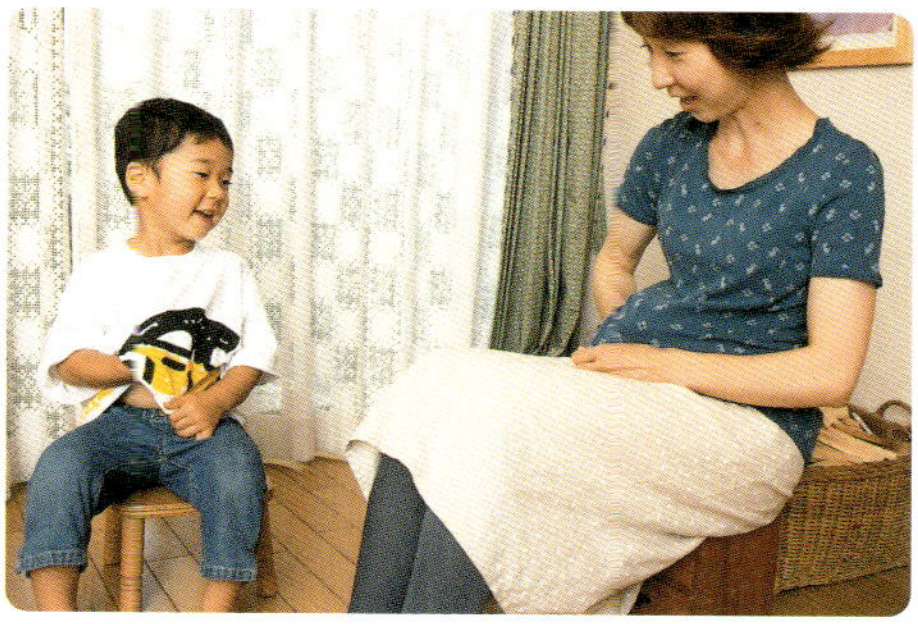

2 お散歩しよう、チョロチョロチョロ。

ひざの上で2本指を立てて、ネズミがチョロチョロと歩くように動かします。

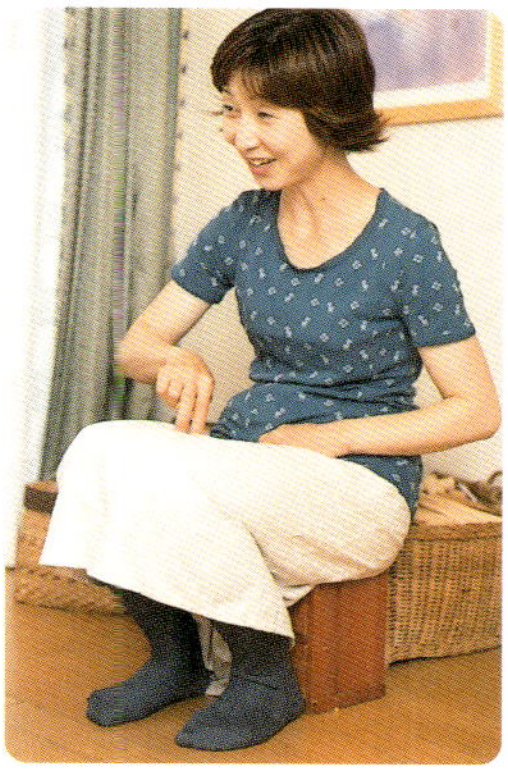

3 「あ、ネコだ。静かに歩こう。見つからないように」ソー……

もう片方の手を握って、ひざの上にのせます。これはネコです。
ネコに気づかれないように、ネズミはそうっと歩いて、ネコのそばを通りすぎます。

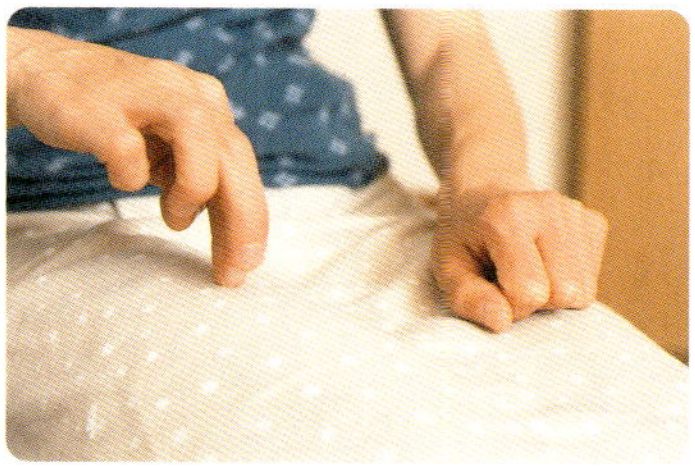

4 お家の中を駆けまわろう。

両方の手の2本指で、ひざの上を駆けまわります。

5 階段おりて、階段のぼる。

両方の手の2本指で、両ひざからつま先のほうまでおりて、今度は、つま先からひざまでのぼります。

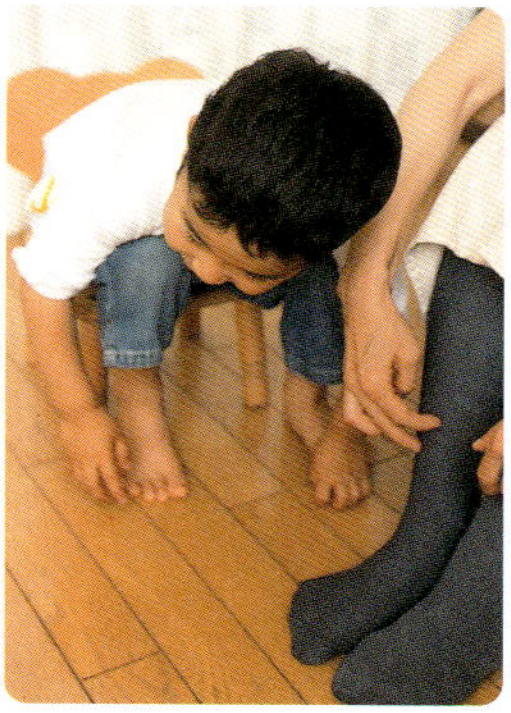

6 さあ、壁の中にもどろ。

両手を服の内側へ隠します。

ネズミやネコをほかのものに変えても、OK。オオカミなら、こんな顔で歩く?

5では、いろいろなところへおりたりのぼったりしてもたのしいですよ。あっ、頭までのぼっちゃった!

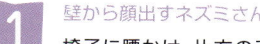

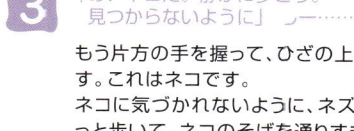

オウちゃん、どっちが飛ぶか競争しよう

うん！

夏のひととき①

紙ひこうきを飛ばそう

どこまで飛ばせるかな？

大空にスーイスイ。
これ、かっこいいでしょ。
ゆっくり飛ぶのもできたよ。

1枚の紙。そのまま投げたら、パラリン……という音とともにすぐに下に落ちてしまいました。ところが、それを折って、紙ひこうきにして飛ばしたら……ヒュー、飛びました！

なんて不思議で、なんて気持ちがいいんでしょう！ はじめはちょっとむずかしいかな。あまり力を入れすぎず、肩の力を抜いて飛ばしてね。

いろいろな種類のひこうきをつくって飛ばしてみましょうか。どれがいちばんよく飛ぶかな？

「お、こっちのほうが速いぞ」「この紙はちょっと重いみたい。薄い紙でやってみよう」

ヒロスケは、いろいろなことを試しています。そのうちに、自分で新しい折り方を考えだしたり、模様を描いたりして、オリジナルひこうきもできました。

お気に入りのひこうきができたら、それを持って外へ出ましょう。風のない日がおすすめ。広々としたところで飛ばしたら、紙ひこうきも気持ちよさそうです。

ジャングルジムや丘の上など、高いところから飛ばしたらどうだろう？ すべり台から飛ばして、同時にすべったら、紙ひこうきとどっちが速いかな。紙ひこうきあそびはどんどん広がります。

紙ひこうきを飛ばそう

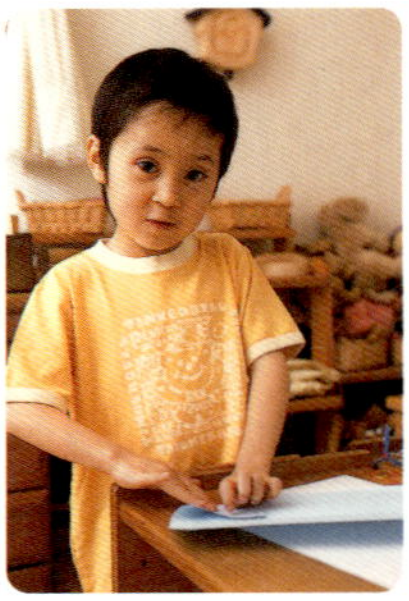

［用意するもの］

紙（広告、コピー用紙など、身近にあるもの）

イカひこうきのつくり方

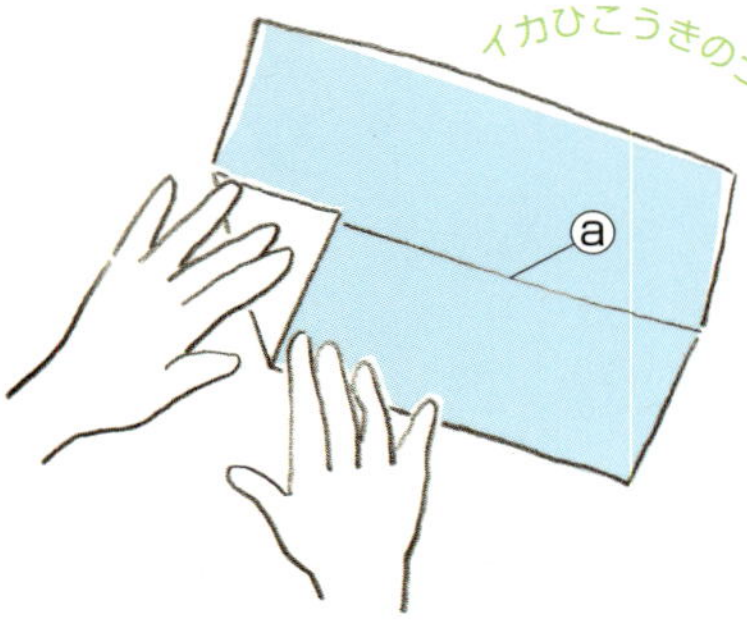

1 紙をタテ半分に折って線をつけ（ⓐ部分）、ⓐに合わせて角を折ります。

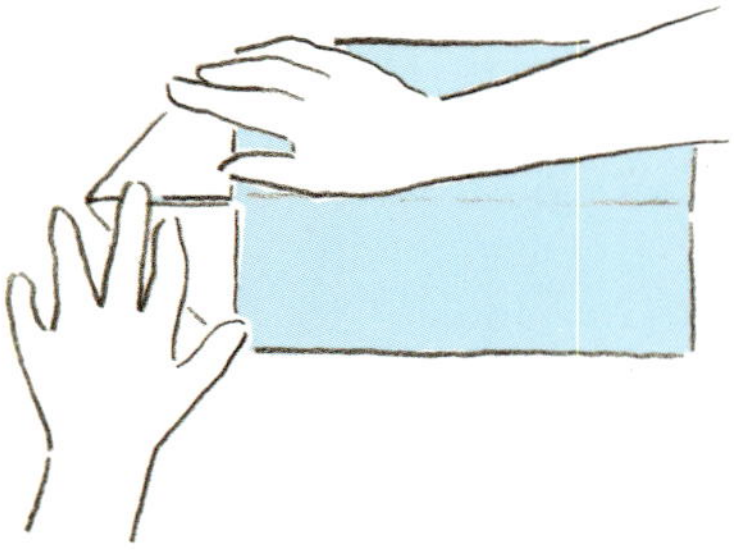

2 もうひとつの角も折ります。

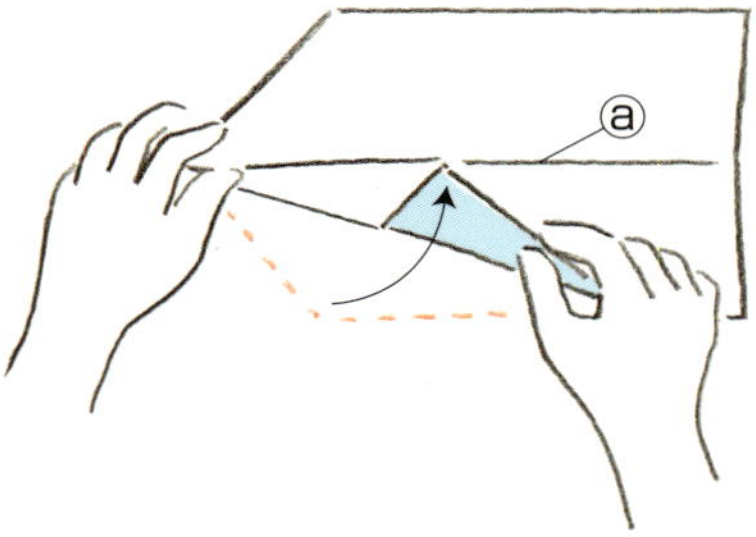

3 紙を裏返し、図のようにⓐに合わせて折ります。

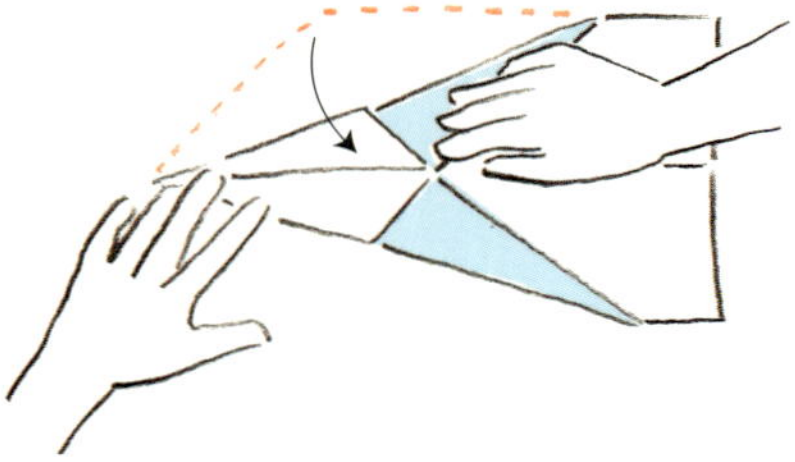

4 反対側も同様に折ります。

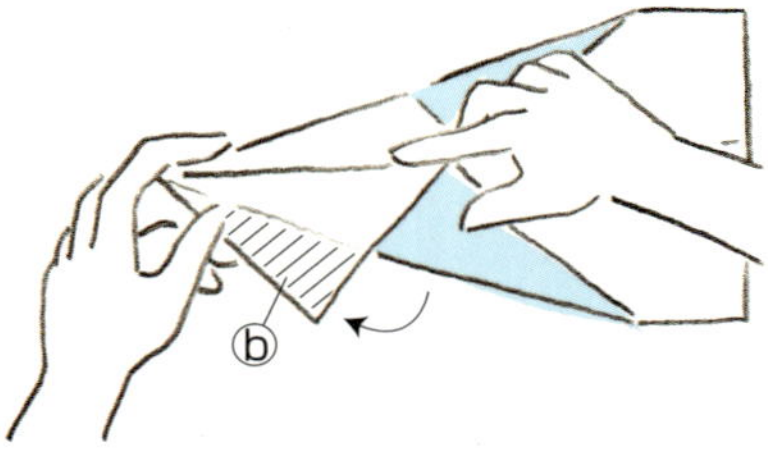

5 裏に折り返されていたⓑ部分を手前に引き出します。

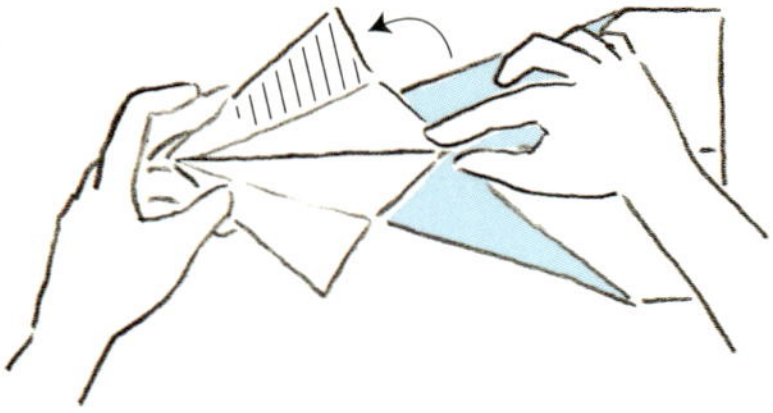

6 反対側も同様に引き出します。

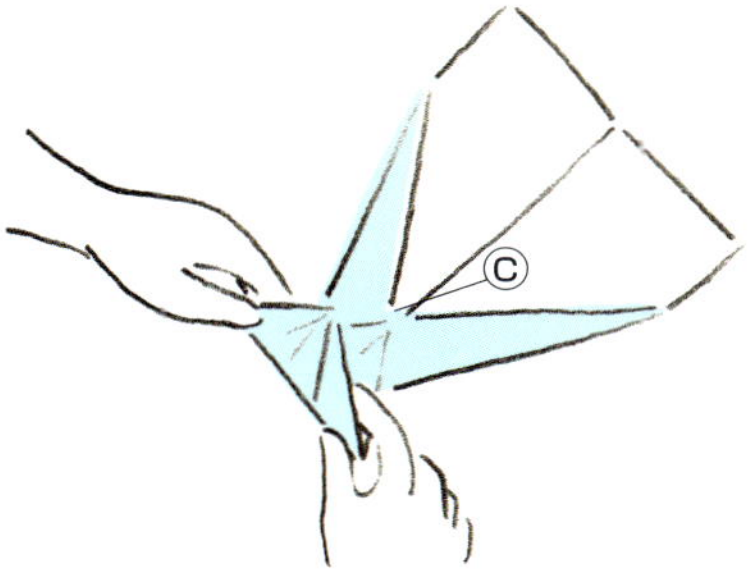

7 先端をⓒに合わせて折ります。

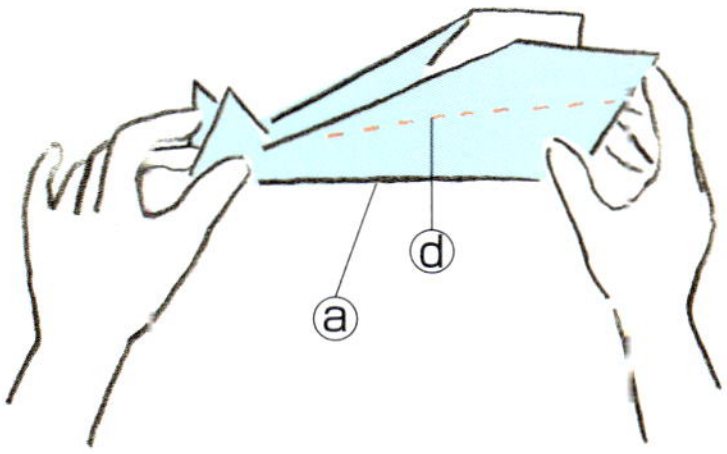

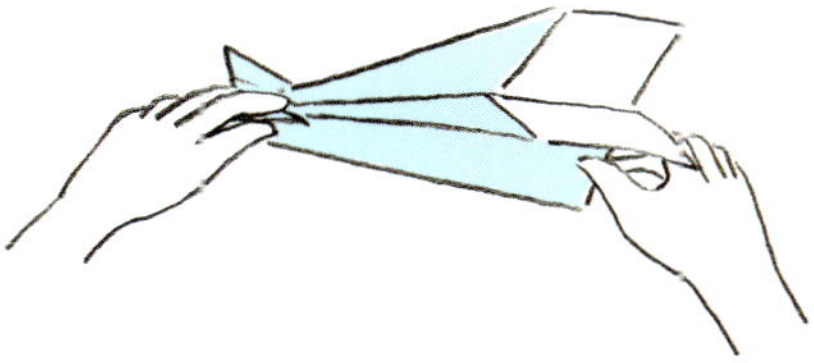

8 ⓐの線で半分に折り（上図）、ⓓの部分を先端から折って、翼をつくります。反対側も同じように折ります。

折る幅によって、ひこうきの型も飛び方も変わってきます。

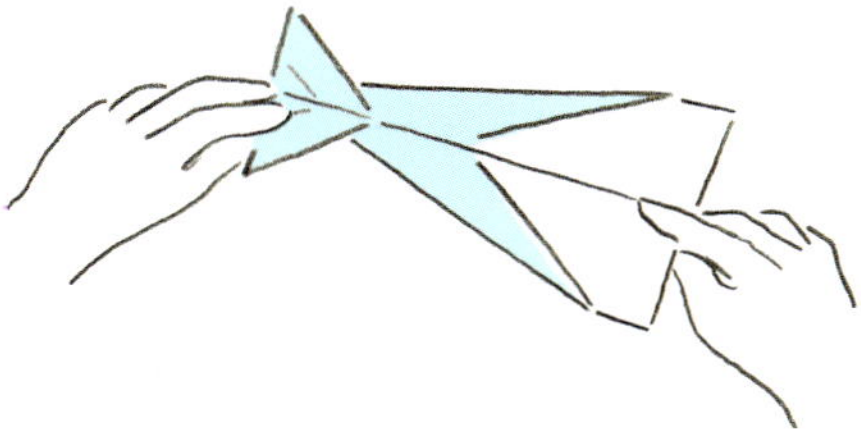

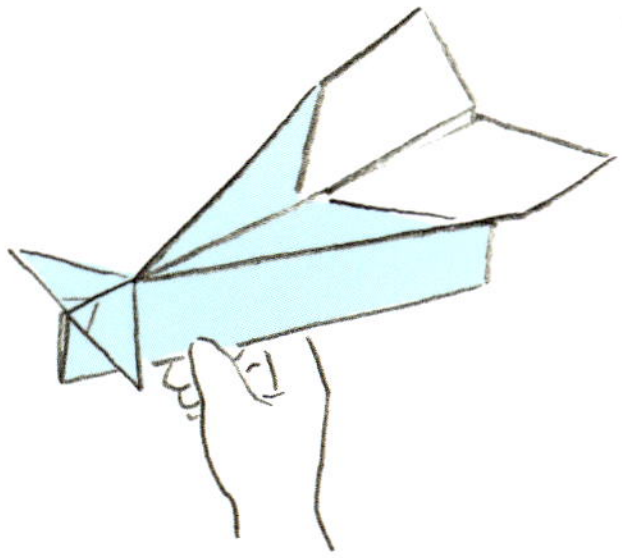

9 できあがり。図のようにもって飛ばしてみましょう。

色紙をつかったり、絵を描いたり。
いろいろなひこうきができました。

books

◎『遊び図鑑　いつでもどこでもだれとでも』
奥成達／文　ながたはるみ／絵　1,680円
いろんな形のひこうきのつくり方がわかります。
◎『かみひこうき』
小林実／文　林明子／絵　945円
上手に飛ばせる方法、試してみたくなります。
（2冊とも、福音館書店／刊）

アリさん、のりますか？

オウちゃんも、のりたいな

夏のひととき②

ボートで水あそびしよう

浮かぶかな？　進むかな？

冷たい、きれい、流れてる。
水あそびって
夏だけのおたのしみ。

暑い夏。水あそびは気持ちよくて、たのしいですね。水でっぽうや、じょうろ……既製のおもちゃもいいけれど、自分でつくったものであそんだら、うれしさもふくらむでしょう。

さて、かまぼこの板とか、日曜大工であまった板きれはありませんか？ そんな木の板を使って、ボートをつくりましょう。

子どもたちは、「木はプカプカ浮かぶんだな」と発見したり、回転する羽をつけて、水の上に置いたら、「進んでる！」と、目を丸くしています。

ヒロスケはすかさず、
「じゃあ、反対まわしにしたらどうなるか、やってみよう」
と、好奇心もふくらんでいます。

そのうち、子どもたちはボートの上にちいさなお人形をのせてお客さんにしたり、ミニカーをのせてカーフェリーにしたり、あそびの世界も広がっていきます。まるで、広い海で自分たちがボートに乗っているかのよう。

シュタイナー教育では、幼児期にさまざまな肌ざわりを味わって、感覚を豊かにすることを大切にしています。

水しぶきのキラキラ光る美しさ、水の冷たさ、肌ざわり……子どもたちが全身で感じながらあそぶときが、たくさんあるといいですね。

ボートで
水あそびしよう

［用意するもの］

木の板、わりばし（2本）、輪ゴム（2本）、アクリルの板（カードケースや下敷きのようなもの）、きり、木工用接着剤

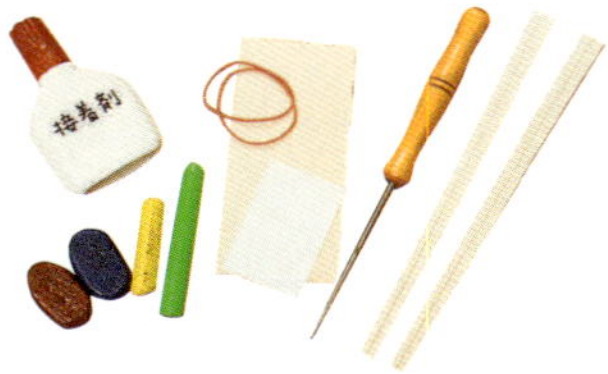

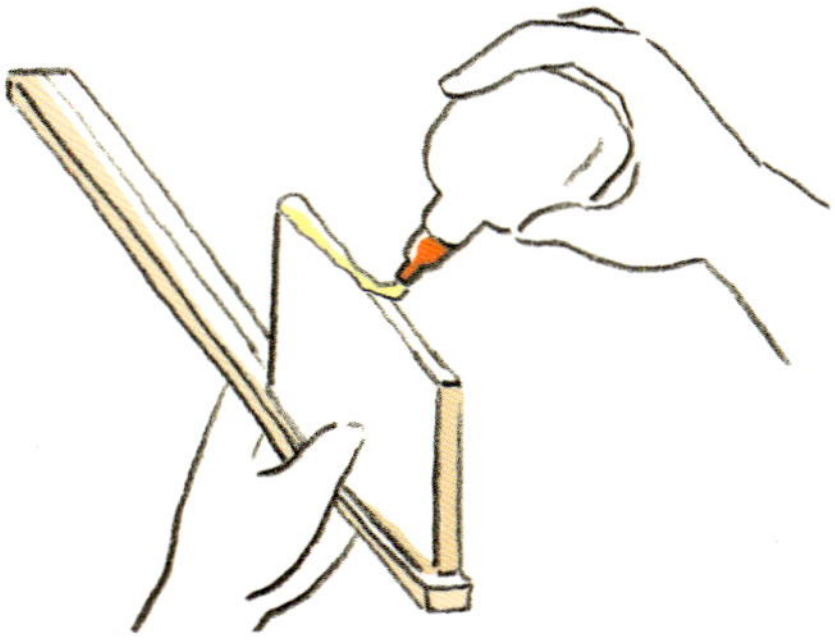

1 わりばしを割らずに、板の側面に木工用接着剤で貼りつけます。同じように、もう一方にも貼りつけます。

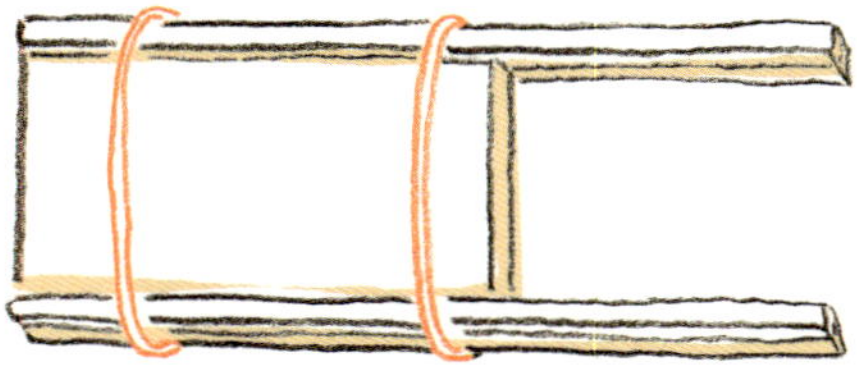

2 輪ゴムをかけて、乾くまで固定しておきましょう。

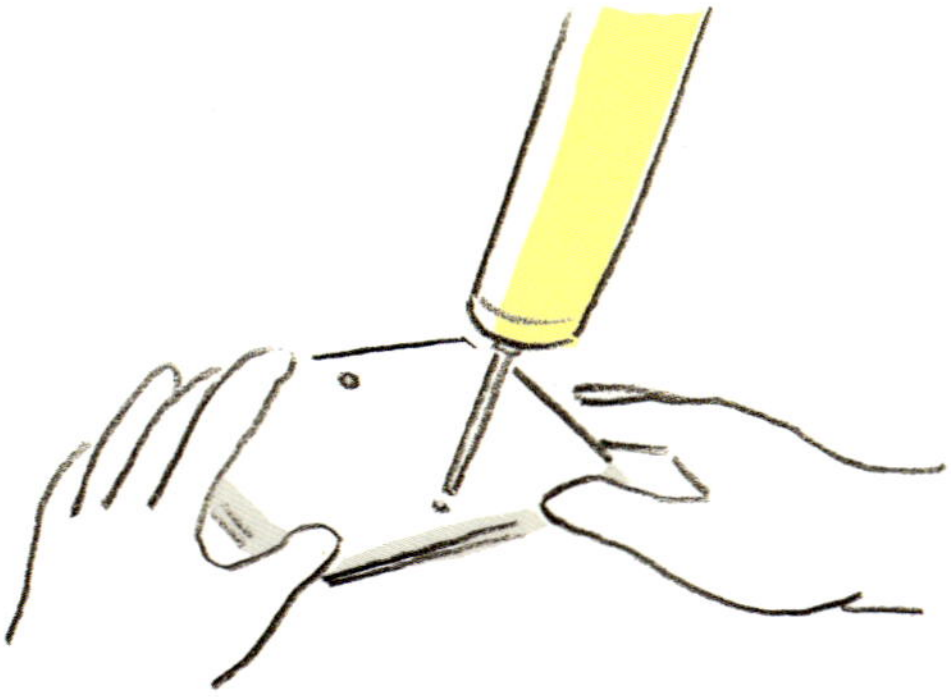

3 わりばしとわりばしの間よりもちいさいサイズの四角いアクリル板を用意し、両端にきりで穴をあけます。

4 アクリル板の2つの穴に、それぞれ輪ゴムを通して結びつけます。

赤くぬってみよう。

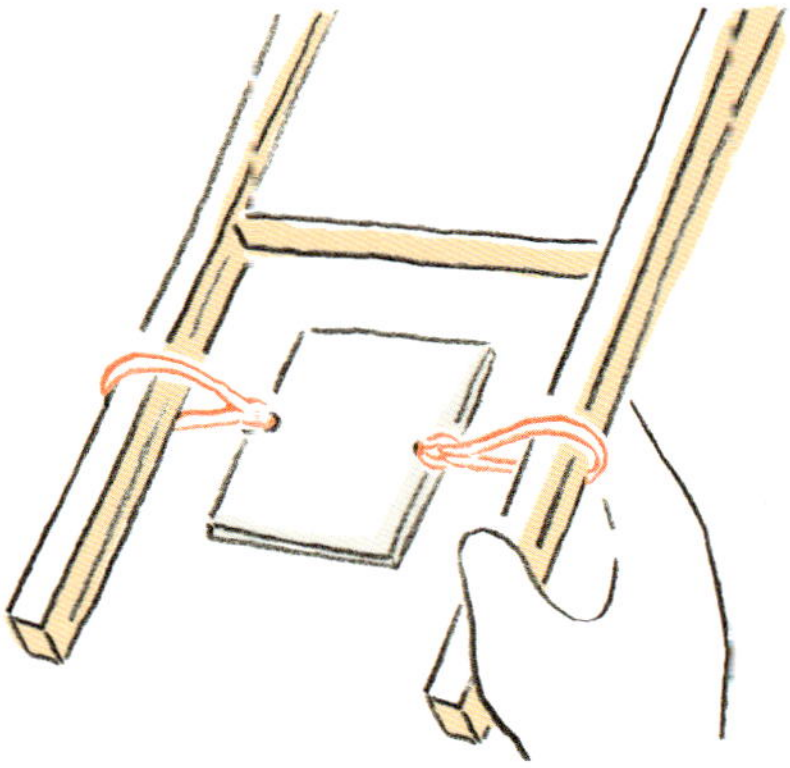

5 わりばしとわりばしの間にアクリル板が入るように、輪ゴムをわりばしにかけます。

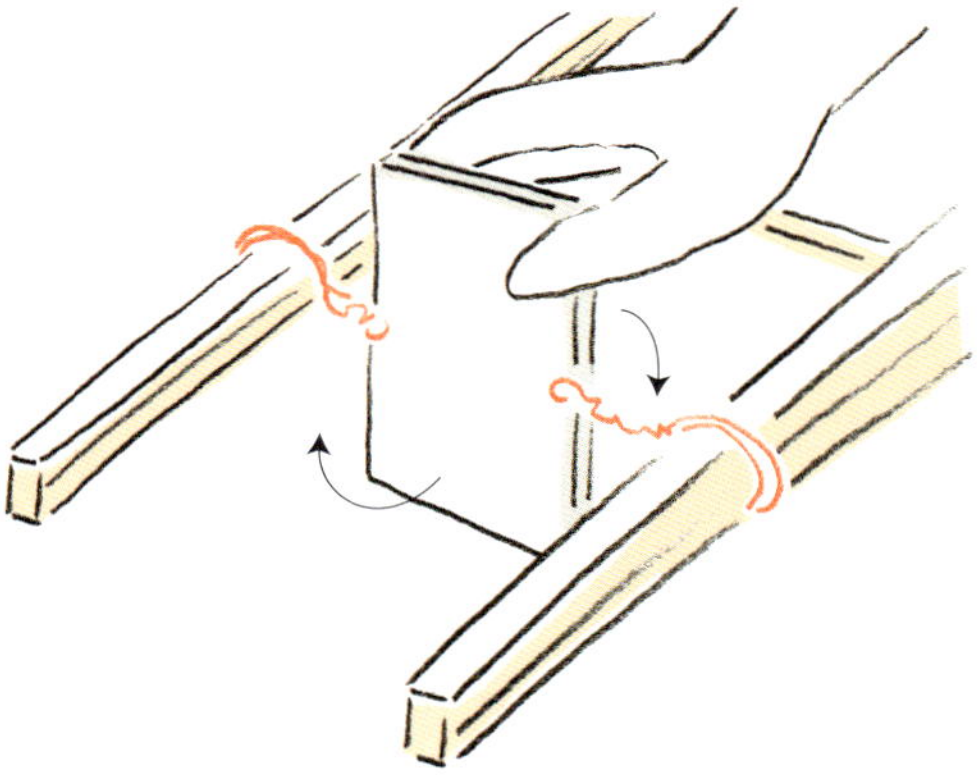

［あそび方］

ゴムをくるくると手前に巻き、よりをかけます。手をはなすと、アクリル板が回転します。

ゴムを巻いたまま、水の上にボートを浮かべて手をはなすと、ボートが前へ進んでいきます。

工夫してみよう

オリジナル号をつくろう

クレヨンで、ボートに模様や色をつけると、自分色のボートになりますよ。

もっと速く進むには

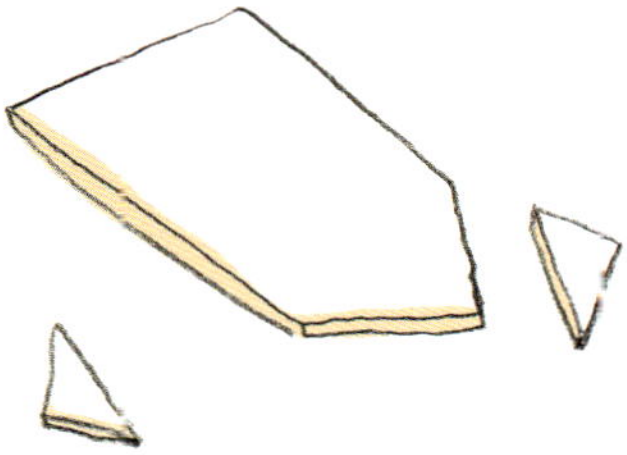

のこぎりで板の先端をとがらせると、よりスピードがあがります。

お池の中だよ

あっ、金魚が泳いでる

夏のひととき③

ぬらし絵をたのしもう

次はどんな色に変わるかな？

どんどん色を重ねる
おもしろさとたのしさ。
想像の世界が広がります。

水でぬらした画用紙に絵の具をのせたらどうなるかな？　使う色は、赤、青、黄色。たった3色なのに、重ねていくたびに新しい色が生まれます。それがとてもたのしいんです。

はじめのうちは、色が変わっていくのがおもしろくて、どんどん重ねていくと、とうとう真っ茶色になってしまうこともあるのですが、「そのへんでおしまいにしよう」と言いたいのを、ぐっとこらえて、子どもたちに思う存分あそばせてあげてくださいね。

できあがった絵よりも、描いているときに、いかにこころがいきいきしていたかのほうが大切だからです。

「あー、これゾウさんみたい。お鼻を長くしよう」なんて、偶然できた形から想像がふくらみます。

「これ、葉っぱの色だよ」と、色を混ぜて創りだしたりします。

輪郭線からできた絵だけではなくて、こんなふうに、色が形になっていく体験もさせてあげましょう。表現の幅も広がっていくと思いますよ。

子どもと一緒にやってみましょう。こころのおもむくままに「こんな色にしよう、気持ちがいいな」って描いているうちに、こころのなかも調和されていきます。「わたしのなかから、これが生まれてきたんだ」という発見もあります。

ぬらし絵を たのしもう

明るい赤色（03）

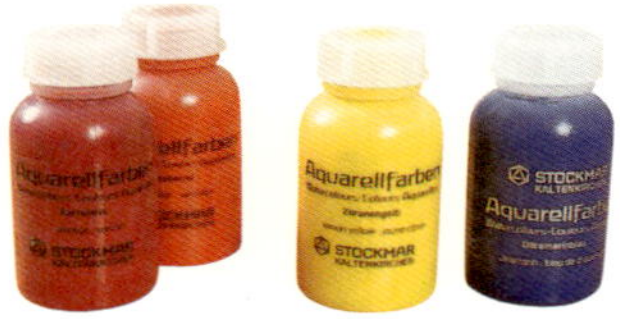

基本の赤色（01）

3色（赤・青・黄）の透明水彩絵の具でぬらし絵をするとき、基本は左の赤色（01）を使いますが、お好みで右奥の明るい赤色（03）を使ってもすてきですよ。

［用意するもの］

透明水彩絵の具（赤・青・黄の3色）、溶いた絵の具を入れるお皿3つ、18～20号くらいの平筆、筆洗い用のびん、筆をふくタオル、画用紙、海綿（スポンジ）、画板（なければ、机の上に直接紙をのせてもできます）

冷たくて気持ちがいい！

1 画用紙を、たっぷりの水の中に浸してから、画板（机）の上にのせます。

2 海綿で水分をやさしく取りながら、画用紙をのばします。

そっとやさしく……。

3 3色の絵の具を使って、お絵かきをたのしみましょう。

何度も描いているうちに、子どもたちの絵はどんどん変わっていくことでしょう。

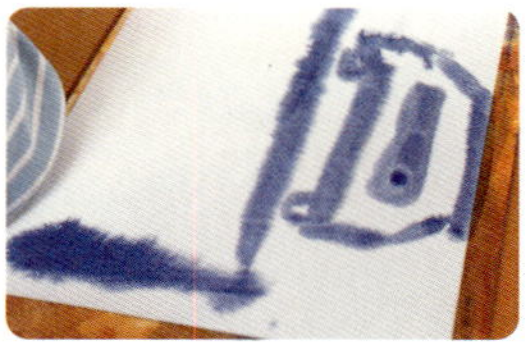

絵の具をのせると、きれいににじみます。

思いがけない色と形に出会えます。

◎お約束
ちがう色の絵の具を使うときには、びんの水でよく筆を洗って、タオルでふいてから次の色を取りましょう。
お皿の中では、色と色が混ざらないようにできるかな？　でも紙の上では、色を重ねてすてきな色をいっぱいつくってくださいね。

何度も筆を洗ううちに、水の色が変わっていく様子もたのしめます。

goods

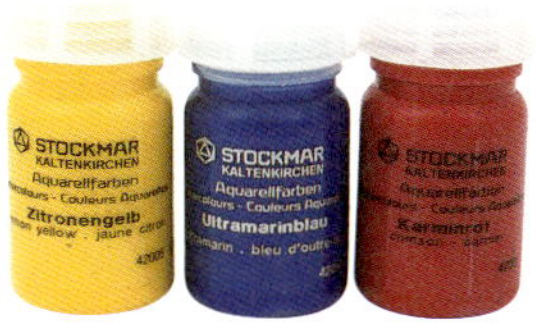

◎水彩絵具　　黄（05）　青（10）　赤（01）
各20ml入り　各840円　ドイツ製／シュトックマー
透明水彩の美しい発色の絵の具です。色と色がきれいに響き合います。ドイツの食品規格に合った材料を使っていて、ちいさな子どもが誤って口に入れても安全です。もちろん、おいしくはないですけど。

できあがった作品たち。
ちいさな美術館がオープンしました。

夏のひととき ④

チョークでらくがきしちゃおう

空の下でのびのびと

どこまでも広がるキャンバスに
からだ全体をつかって
思いっきり描いてみよう。

お家の近くに"らくがきあそび"ができる（してもいい）場所はありますか？

家のガレージや公園、自動車が通らない道など……そんな場所があったら、きれいな色のチョークをひと箱持って、らくがきをたのしみましょう。

広いキャンバスに、大空の下で絵を描くって気持ちいい。こころが解放されていきます。

お家の中で四角い画用紙に描くのとはまたちがう表現が、生まれてくるかもしれません。色がとってもきれいなので、全部使って色とりどりにしたくなってしまいます。

紙には描ききれないような大きな大きなゾウさんや、首の長ーいキリンさんのいる動物園になったり。客車が数えきれないほどつながった列車もできちゃった。列車の下に線路も描けば、「ここは駅ね」と駅もできて、水色のチョークで川も流れ、橋も架かって、緑の山も描きたされ、町ができあがります。さてこんどは、その線路の上を自分たちが自転車で走るのも、もうひとつのたのしみです。

このチョーク、シュタイナー学校で黒板用に使ってるチョークなんですよ。先生たちは授業のとき、12色ほどあるこのチョークで美しい絵を描きます。それが、子どもたちの学びの入り口になります。

チョークでらくがきしちゃおう

［用意するもの］

チョーク（いろんな色を）。
ここで紹介したチョークの色は、黄、オレンジ、朱色、赤、ピンク、水色、青、黄緑、緑、ベージュ、茶色、パステルピンクの12色です。

このチョークは色がとてもきれいなので、線描きだけではなく、地面にぬり込みたくなります。また、色を重ねると、なんとも美しい色合いが生まれてきます。

黄色いチョークで、描いているのは……。

とてもやわらかいので、ちいさな子どもでも力を入れずに、ラクに描くことができますよ。

大きな木です。

線を描いたら
ぬって、ぬって……

長い列車に車輪を描いて……
どんなふうに走るのかな?

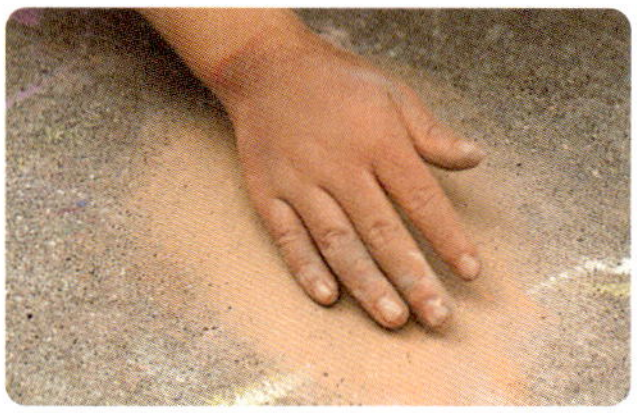

こすって混ぜて……

色を重ねて……

ちょうちょ、てんとうむし、鳥、
さかな、……いろいろ描けた!

描き終わったとたんに雨が!

描いたものは、雨が降ると消えてしまいます。ちょっと残念だけど、また晴れの日がきたら、新しい世界をつくってくださいね。

! チョークは布につきやすいので、汚れても大丈夫な服装であそびましょう。(洗濯をすれば落ちます)

こ〜んなところまで、枝がぐんぐん伸びてます!

塀の上まで
伸びてきた!

goods

◎パステルチョーク
12色12本　1,260円
*パッケージデザインは変更になる場合もあります。
*白チョークのみ(12本入り　1,260円)もあります。
やわらかく描けるので、お絵かきの手がのびのびと動きます。天然素材を使っているので、手足についても安全です。

ホットプレートでお絵かきしよう

どんな絵になるのかな？

夏のひととき ⑤

溶けていくのが
おもしろくて
油絵みたいな感じだな。

テーブルの上にホットプレート。子どもたちは、「ホットケーキ？　おこのみやき？」と、声をあげます。

「ちがうちがう。きょうは、この上でお絵かきをしよう」

クレヨンにはろうが入っているので、熱を加えると溶けますね。それをいかして、あたためたホットプレートに、トレーシングペーパーを敷いてクレヨンを置くと……あらあら……少しずつ溶けて色が広がっていきます。

「わあ！　とける、とける」

「おもしろい！」

子どもたちの目がまん丸くなって、溶けだすクレヨンを見つめます。さらっと一筆書きのように描く子もいれば、油絵の作品のようにじっくりとぬり重ねて描く子もいます。ふつうに紙の上に描くのとは、ぜんぜんちがう質感です。つやつやした絵の具みたいです。

さまざまな色を順番にのせて、虹のような模様、葉っぱ、花、魚たち……どんな形になったかな。色を混ぜると、不思議な模様になっちゃった。

できあがった絵は、窓に貼ると、ステンドグラスのように光が透けてきれいですよ。

アイロンプリントをして、オリジナルのTシャツや、ハンカチ、お弁当包みなどをつくってもたのしいですね。

ホットプレートでお絵かきしよう

[用意するもの]

蜜ろうクレヨン（ふつうのクレヨンより発色がよく、色を重ねてもきれいです）、ホットプレート、トレーシングペーパー、画用紙

1 ホットプレートをあたため（保温程度の熱さ）、画用紙をのせます。その上に、トレーシングペーパーをのせます。

絵を見やすくするため、また、熱が伝わりすぎないように、トレーシングペーパーの下に画用紙を敷きます。

! ホットプレートに手をふれてヤケドをしないように気をつけてください。

2 蜜ろうクレヨンで、トレーシングペーパーに絵を描きます。すぐ溶けてきますから、手早く動かしましょう。

クレヨンが熱で溶けて、透明感のあるきれいな色になります。

新幹線の絵が描けました。透かしてみます。できばえは、どうでしょう?

できあがった絵をガラス窓に飾ると、まるでステンドグラスのよう。

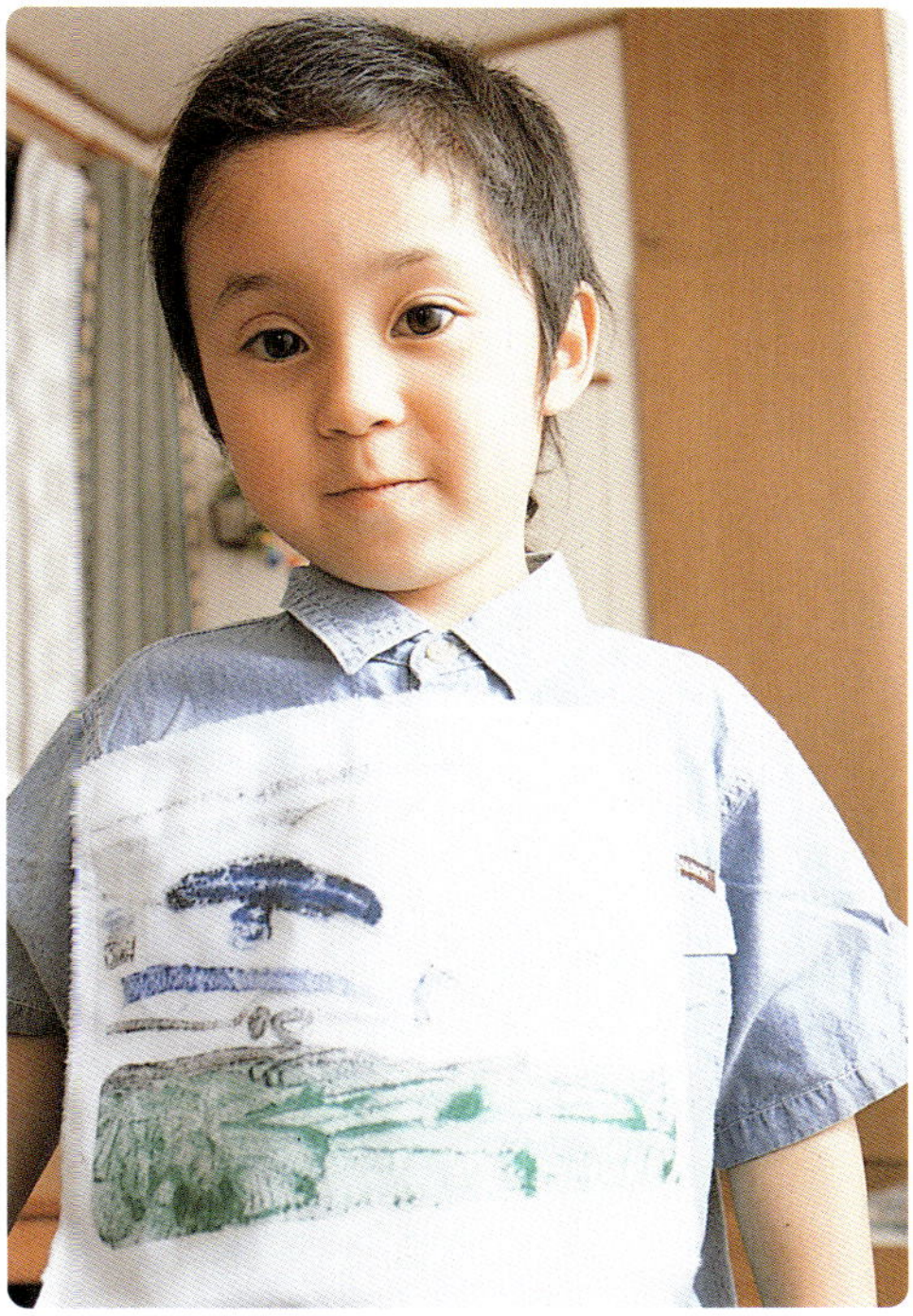

新幹線の絵が、布にプリントされました。
さあ、次は、この布を、どう使いましょうか。

プリントしてみよう

1 できあがった絵を、描いた面を下にして、布の上にのせます。

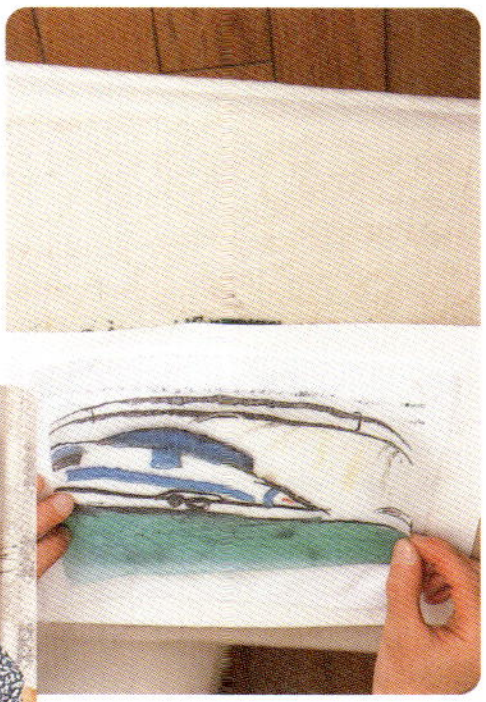

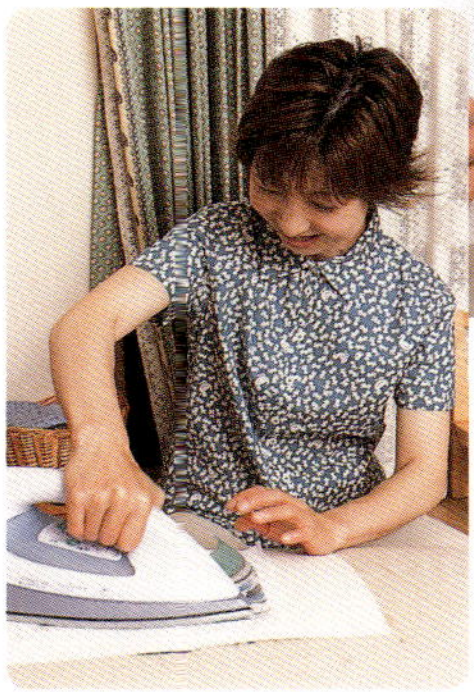

2 絵の裏からアイロンをかけると、布に絵が写ります。

3 Tシャツやハンカチに写って、自分だけの作品をつくりましょう。お洗濯にも、けっこう耐えます。

! アイロン台にまで色がついてしまうことがあるので、色がついてもいい布などを間に敷くと安心です。

プリントし終えたトレーシングペーパーにまだ色が残るので、窓飾りや貼り絵にしたり、折って星にしたりと、また使えますよ。

goods

◎蜜ろうクレヨン
12色ブロック（紙箱入り）1,680円
*ほかに、8色ブロック（缶ケース入り）1,260円
ドイツ製／シュトックマー
ブロッククレヨンは、側面を使って、面で色を広げやすいです。角を使えば、細い線も描けます。

たっぷりあそんだあとは

おかたづけをしよう

「おかたづけ大好き」という子どもは、そんなにいないと思うけれど、毎日いやいやするよりも、もう少したのしんでできないものかしら？　では、おかたづけがちょっとたのしくなるコツを。

ただ「かたづけよう」というよりも、「もう寝るよ。おかたづけしよう」と、次にすることを言ってあげると子どもたちにとっても、わかりやすいと思います。1、2歳の幼い子どもなら、「○○ちゃんも、ねんねだから、お人形さんもねんねしたいんだって」「この電車の車庫はどこかな?」と導いてあげると、「電車さんはここよ。ブーブは、こっち」と、自分から動いていくでしょう。

こまかいものは種類別にかごに入れるのが、おすすめです。見た目にもきれいだし、かごなら軽いので、ちいさな子どもでもラクに運べます。

いろいろなものをひとつの箱の中に放り込んでしまうと、何がどこにいったのかわからなくなってしまいますが、毎日同じものが同じ場所にあると、子どもにとって、安心感があります。

形や色をそろえたり、きれいに並べることは、子どものバランス感覚や美感も育てるでしょう。そうして、散らかった部屋がかたづいたら、「きれいになって気持ちいいね」って、子どもたちと味わえたらいいですね。

いろいろなおもちゃを出してあそびに夢中。

さあ、おかたづけの時間。
ミニカーはこのかごです。

箱入り積み木はもとの箱へ。パズルみたいで、
かたづけもたのしいヨ。

ヒント

1 ブロックは、浅めのかごに入れると、探しているパーツが見つかりやすいです。
2 クレヨンや蜜ろう粘土も、かごに入れると取り出しやすいです。
3 クマちゃんやお人形は定位置に。お皿やコップは棚に並べて。
4 ブロック、カプラ、電車のレール……かごが並びました。

いつもの場所へ、
よいしょ、よいしょ……。

きれいにかたづきました。
さて、おやつにしましょうか。

エプロンつけて、木の実ひろい

たくさん見つかるかな？

秋のひととき ①

お散歩のときには、
おみやげいっぱい
エプロンにつめ込んで。

秋です。どんぐりや松ぼっくり、栗と、いろいろな木の実が落ちてくる頃。

子どもたちは木の実をひろうのが大好き。大人だって、「おままごとのごはんにしようか」とか、「お部屋のディスプレーにいいな」……などと、あれこれ思いめぐらしながら夢中になってひろってしまいます。

木漏れ日の下で、ぷらぷら歩きまわるのは気分がいいですね。

けれども、木の実をひろっているうちに、手の中はもういっぱい。ポケットにも入りきらなくなってしまいます。ビニール袋に入れるのも、なんだか味気ない……。

そこで、わたしの妹がフィンランドで買ってきたエプロンを使ってみたら、これがなかなか優れもの。そして、なんともおしゃれなんです。

布が2枚重ねになっていて、木の実がいっぱい入ります。手ぶらで歩きまわれるので、おすすめです。

フィンランドでは、ガーデニングやキノコ狩りにも使っているそうです。

わたしもまねしてつくってみました。みなさんもいかがですか？ エプロンのほか、ポシェットにして、首にかけるのもかわいいですね。

エプロンつけて、木の実ひろい

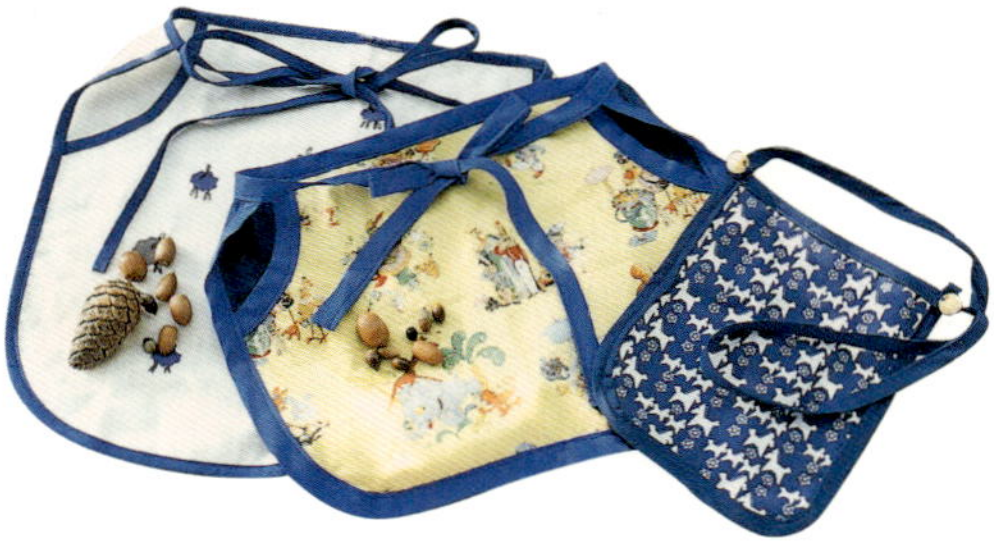

ヒロスケとオウジロウのエプロンと、
わたしのポシェットができました。

［用意するもの］

布いろいろ、バイアス・テープ（幅1.5〜2cmくらいのもの）約3m、針、糸、ミシン、はさみ

エプロンのつくり方

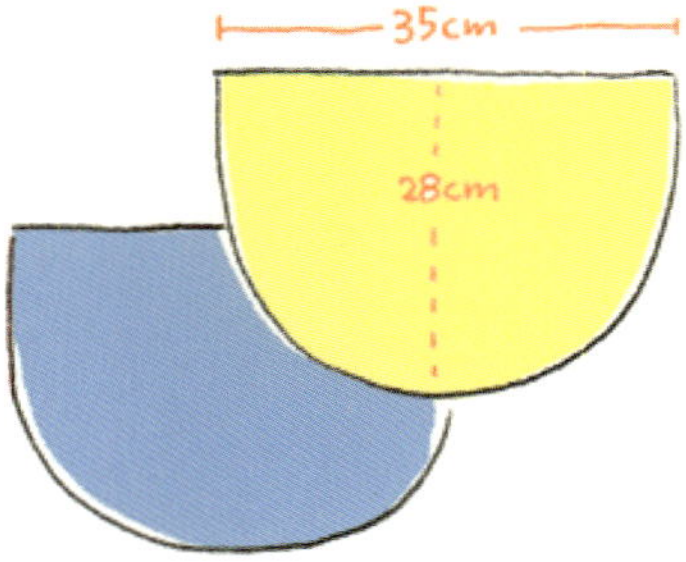

1 2枚の布を、上のような形に切ります。

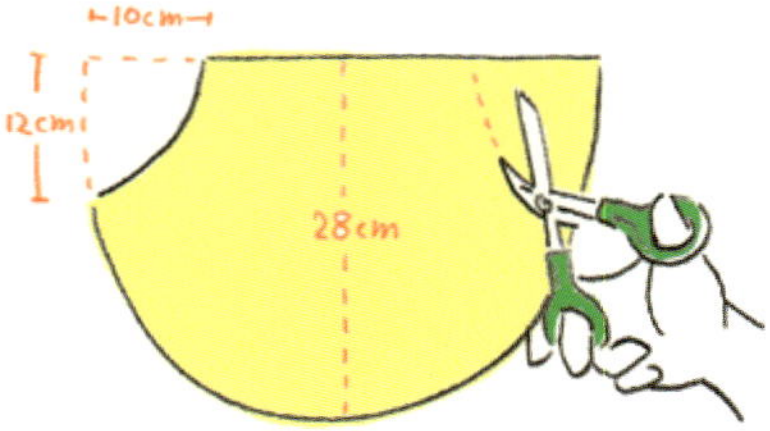

2 表になる1枚を図のように切って、ポケットをつくります。

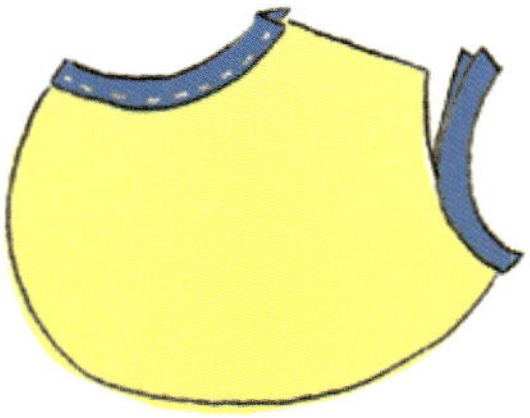

3 2で切った部分を、バイアステープでくるんで縫います。

4 2枚の布を重ねて、上部分を残したまわりを、バイアステープでくるんで縫います。

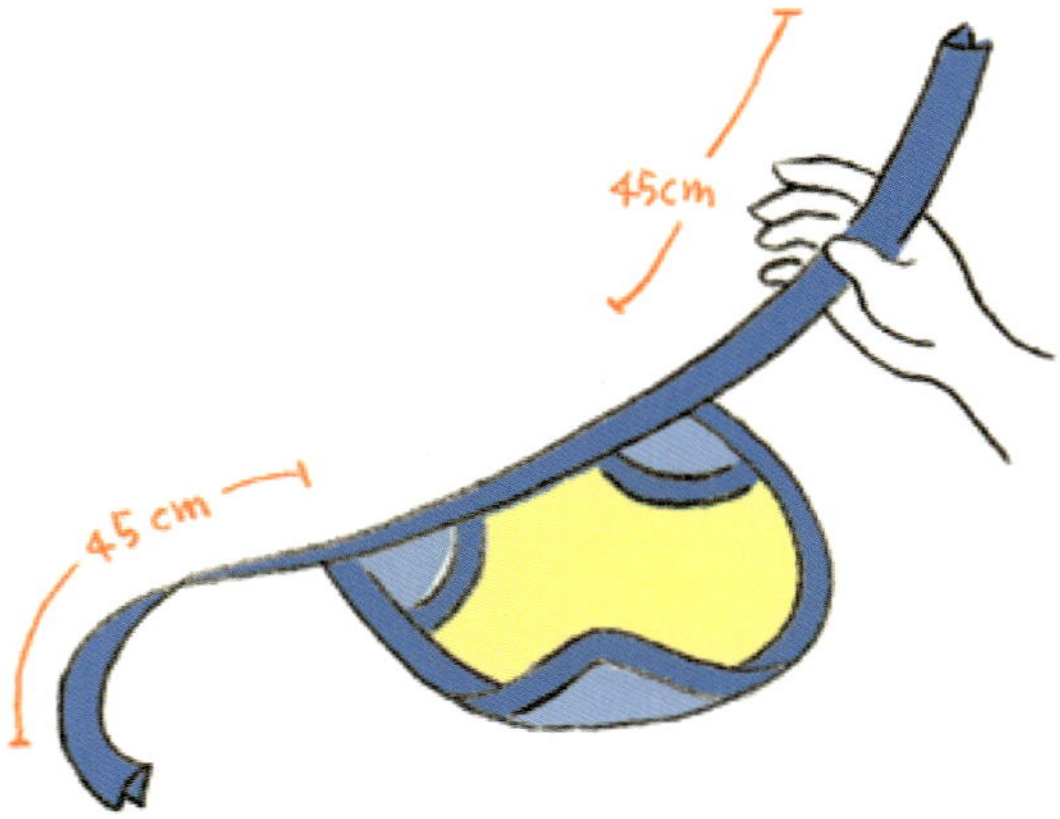

5 上部分にもバイアステープをかぶせて、エプロンのひもにします。両側に45cmずつテープを出して縫えば、できあがり。

公園で使ってみよう

ひろった木の実は、エプロンのポケットへ。
たくさん入れてふくらむと、まるでリスのほっぺ!

見て 見て。どんぐりのかさをかぶせたら、
指が帽子をかぶったみたいでしょ。

エプロンのポケットの中、のぞいてみて。
どんぐりでいっぱいです。

収穫の、ほんの一部です。
さて、何してあそびましょうか。

ほら、そこ! そこにどんぐりが落ちてるよー。
木にのぼったら、よく見える?

出てきた!
いっぱい長くしよう

リリアンを編もう

不思議な形のY字フォーク

秋のひととき ②

長いひもが編めたら、
お人形のおんぶひもにしよう。
あたたかいマフラーにもなる。

こんな変わった形の"リリアン"知っていますか？　アルファベットのYの字になっているので、Y字フォークといいます。

太めの毛糸が使えるので、糸をつかみやすく、また、丸形のリリアンに比べて手順がシンプルですから、ちいさな子どもにも扱いやすいと思いますよ。

8の字に糸をかけて、下の糸を上の糸にかぶせる……ということをくり返していくと、

「あれ！　どんどん、ひもができていくよ」と、子どもたちもうれしそうです。

「こんなに長くなった」と、自分が編みだしたひもに満足気です。

やり方をのみこめるまで、ちょっとむずかしいかもしれませんが、ゆっくりと手順を見せてあげてください。

編みあがったら、どうしましょう？　短めのひもは、髪の毛のリボンにしたり、ブレスレットにもなりますね。ウエストに巻いてベルトにすると、服のすてきなアクセントです。

息子たちは、ごっこあそびでお人形さんのおんぶひもにしたり、ぬいぐるみのイヌのお散歩のひもにしたり、なわとびにもしちゃいます。あそびがいっぱい広がりますね。

■毛糸のかけ方

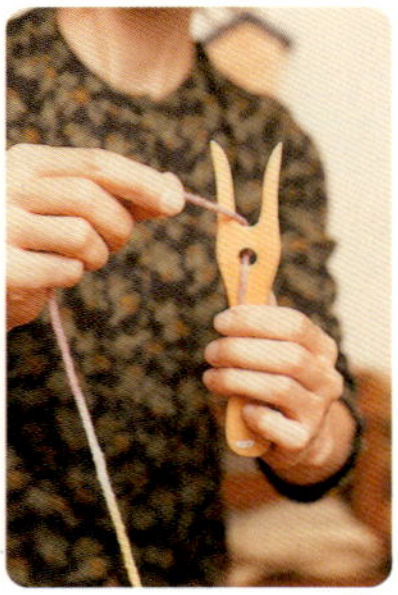
①

②

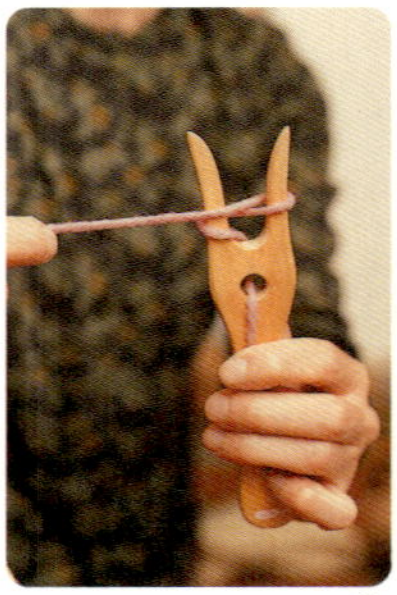
③

④

⑤

⑥

[用意するもの]

- Y字フォーク
- 太めの毛糸
- はさみ

だんだん色が変わる毛糸だと、たのしい柄が編めます。

1 Y字フォークの穴に毛糸を通します。(写真①)

2 毛糸を、左右8の字に2回かけます。(写真②～⑤)

3 写真⑥のように、かけた毛糸のaをcの上に、bをdの上にかぶせていきます。

4 続けて左右1回8の字に毛糸をかけ、写真⑥のように左右とも、下の糸を上の糸にかぶせ、穴から出てきたひもを少し引きます。

5 4の手順をくり返して、編んでくださいね。

ほら、下の穴から、どんどん編みあがったひもが出てきます。

編んだひもでつくってみよう

◎マフラー
同じ長さのひもを数本つくり、並べたひもの間を毛糸でつなぎとめます。

◎マット
ひもを渦巻き状に内側から巻いていき、ひもの間を毛糸でつなぎとめます。

P.29で洋服をつくったクマちゃんの、バンダナとベルトになりました。クマちゃん、ますますおしゃれさんになったでしょ?

goods

◎Y字リリアン 18cm(1,155円)
◎Y字リリアンと草木染めの毛糸のセット(2,415円)
ドイツ製/ウールマニュファクチャー
握ると、手づくりのあたたかさが、編んでいる手のひらに伝わってきます。毛糸の色合いが変わることもあります。

■おわりにするときは

6 思いの長さになったら、毛糸を切って、Y字フォークからそっとはずします。

7 切った毛糸の先を、ふたつの輪に通して引っぱると、ほどけなくなります。

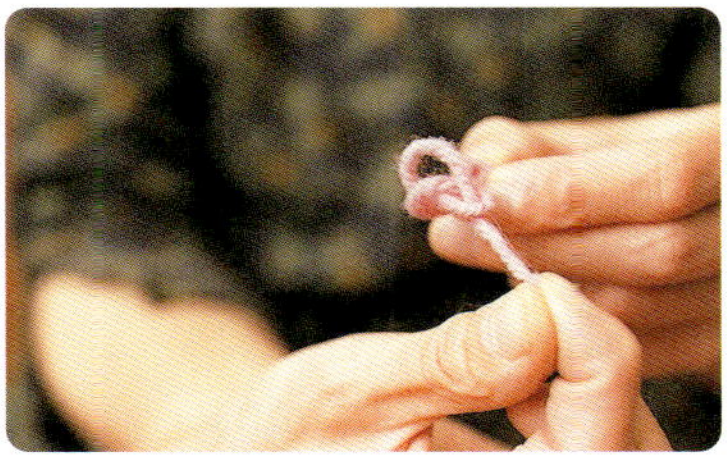

8 編みはじめのほうも、同様に毛糸の先を輪に通して引っぱると、ほどけなくなります。

蜜ろうで、ろうそくづくり

どんなにおい？　どんな光？

秋のひととき③

火を灯しながら
ほんのりこころが
あたたかくなる時間。

ろうそくを灯すと、まわりがほんのりと照らされて、こころがあたたまります。そして、火を見つめていると、こころが静かに落ちついてくるようです。

では、ろうそくをつくってみましょう。蜜ろうはハチの巣から採ったろうなので、ほんのりあまい、いい香りが、あたりの空間を包み込んでいます。

子どもたちは、だんだんできあがっていくろうそくに、こころを躍らせています。

色が淡めの蜜ろうに、クレヨンを溶かすと、さまざまな色のろうそくの液ができます。2、3色用意して順番に浸すと、色の層ができて、これもまたきれいですよ。

シュタイナー幼稚園では、一日のはじまりと終わりの集まりに、ろうそくの火を灯します。みんなの集まる輪の真ん中に火を灯すと、それまでさわがしかった子どもたちが静まり、火を見つめます。そんななかでうたう歌、となえる詩のイメージが、静かに部屋に響きます。

火を消すときは、フッと吹いたり、ろうそく消しを火の上からかぶせて消します。子どもたちが順番にすることもありますが、それは、子どもたちにとって魅力的な、とってもやりたいお仕事なんですよ。

蜜ろうで、
ろうそくづくり

1 空き缶に蜜ろうチップを8分目ほど入れて、お湯の入ったお鍋の中に入れ、火にかけます。わりばしでかきまぜながら、蜜ろうチップを溶かします。チップが溶けたら、缶をテーブルに持ってきます。

(!) テーブルにろうがたれてしまうこともあるので、新聞紙などシートを敷いておきましょう。

［用意するもの］

蜜ろうのチップ、細長い空き缶、湯煎のためのお鍋、かき混ぜるためのわりばし（1本）、たこ糸（長さ25～30cmくらい）、新聞紙

◎注意すること

溶かしたろうは熱いので、ヤケドをしないように気をつけてくださいね。4、5歳のちいさな子にも、「ろうは熱いからさわらないようにね」と伝えてあげればできると思います。

2 缶の中の溶けた蜜ろうに、たこ糸を浸し、すぐに引き出します。1回目のみ、糸の両端を持って引っぱってあげると、まっすぐなろうそくになります。

(!) ここは少し熱いので、大人がしたほうがいいでしょう。

3 続けてたこ糸を浸しては引き出し、浸しては引き出し……と、お好みの太さになるまでくり返します。引き出したら、ろうが固まるまで数秒まちましょう。

(!) 浸したら、すぐに引き出しましょう。ずっと浸していると、せっかく固まったろうが溶けてしまいますよ。

4 好みの太さになったら、どこかにつり下げておきます。

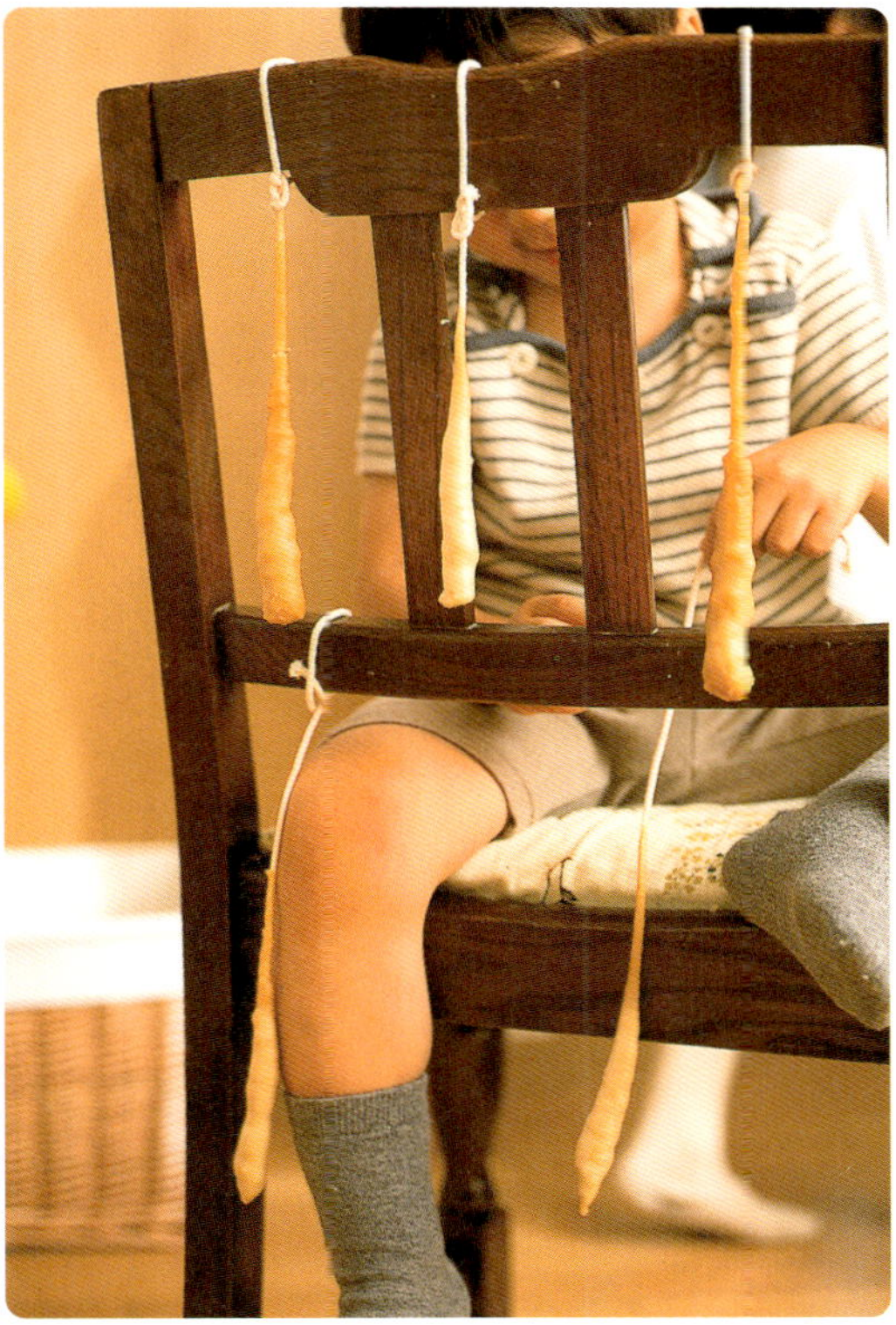

5 よく固まったら、1cmくらいの芯を残してたこ糸を切ります。これでできあがりです。

goods

◎蜜ろうチップ
1kg入り　7,770円
ドイツ製／シュトックマー
蜜ろうろうそくは、お部屋の空気を浄化してくれるそうです。火を灯すと、ほんのりとハチミツのような香りがしますよ。

ろうそくに火を灯すと、お部屋の雰囲気も変わりますね。

秋のひととき ④

手づくりランプに火を灯そう

あたたかい光ってどんな色？

自分で描いた絵や切り絵が
やさしい光に
照らし出されます。

自分で描いた絵を使ってランプをつくりましょう。

手づくりのものって、どうして、あたたかな感じがするんだろう？　どうして、こころうれしいんだろう？

部屋を暗くして、手づくりランプのろうそくに火を灯したとき、子どもたちの顔を見ていると、とくにそう思います。

いつもは、笑い転げたり、おしゃべりの口を閉じない子どもたちが、ろうそくに火を灯したとたん、ちいさな灯りにすい込まれるように見つめます。そして、「きれいだね」と、声にならないため息をつくのです。「これは、ぼくがつくったんだ」という満足感もあると思います。

絵の具の色によって浮きあがる光の様子もさまざまです。淡い色からは光が輝き、濃い色からは深い静けさが感じられます。

自分の絵でできたランプのもとで、何をしましょう？　昔話をしようかな。おやつのテーブルに置こうかな。お誕生日にずっと灯しておきたいな。うれしい、しあわせな空間が生まれてくるといいですね。

ぬらし絵のほかに、トランスパレント紙（色つきワックスペーパー）で貼り絵をしたランプもつくってみました。

■シェードの紙のつくり方

1

画用紙に描いた絵を、縦15cm×横37cmくらいにカットします。

カットする大きさは、参考です。縦の長さはつくりたいシェードの高さに、横幅は空き箱の1周分にのりしろ分を加えて調整してください。

［用意するもの］

絵、はさみ、クッキングオイル（菜種油、グレープシードオイルなど透明なものを）、筆（ハケ）、アイロン、新聞紙、丸形のチーズの空き箱（ランプの枠になります）、接着剤、ろうそく、画びょう、ホッチキス

2

筆でクッキングオイルを、絵の表裏全体に染み込むように塗り、丸1日干しておきます。

3

乾いた絵を新聞紙ではさんで、アイロンをかけます。すると、透明感が出てパリッとした紙になります。

今回はぬらし絵でつくりました。トランスパレント紙を切って、厚手のトレーシングペーパーに貼ってもきれいです。その場合は、クッキングオイルを塗らずにできます。

トランスパレント紙は、光沢があり、薄く、透けるので、透かし絵や星飾りをつくり、窓辺に貼るときれいです。お菓子などのラッピングにも使えます。

乾くまで、1日まってね。

■組み立て方

4 丸形のチーズの空き箱のフタから天井部分をはずします（A）。下の箱の底はそのままつけておきます（B）。

B／底はそのまま。

A／フタは天井をとる。

5 A・Bの枠の外側に接着剤を塗り、シェードの紙を巻きつけ、紙の合わせ目にも接着剤をつけて、貼り合わせます。

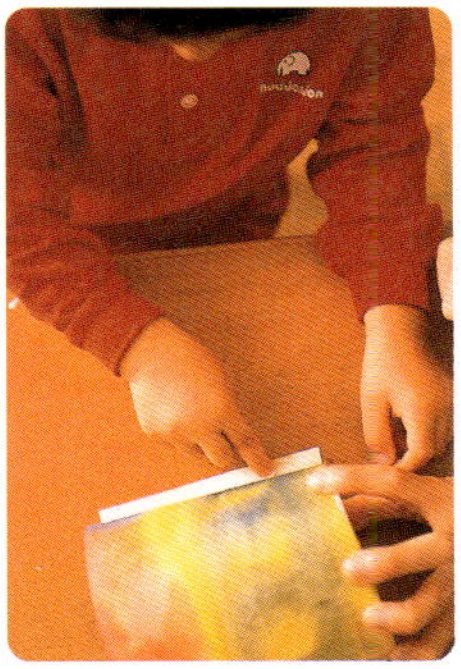

6 上の枠とシェードの紙を、ホッチキスで固定します。

7 底の中心に画びょうを刺して、ろうそく立てにします。

8 ろうそくを中に立てれば、できあがりです。

では、ろうそくに火をつけてみましょう。絵の具の色によって、浮きあがる光の様子もさまざまです。

秋のひととき⑤

元気の出る きびだんご

ぺったん、ころころ、どんな味？

プツプツのもちきびが
お餅になって、まるめたら
おだんごができたよ。

「ももたろうさん、ももたろうさん、おこしにつけたきびだんご、ひとつわたしにくださいな」

昔話の『ももたろう』で、イヌ、サル、キジがもらう「きびだんご」って、どんな味がするんだろう？　食べてみたいなあ！

「つくってみようか？」

息子たちも「よーし！」と、意気込み充分。つくってみたら、簡単でおいしい。それ以来、わが家のおやつの定番です。

炊いたきびを棒でペタペタつくだけでお餅になってしまうなんて、不思議ですね。子どもたちも、「お餅ってこうやってできるんだ」と知り、できたてのやわらかさ、手づくりのあたたかさ、おもしろさを味わえるでしょう。

あら、ヒロスケとオウジロウで「ももたろうごっこ」がはじまった。

「ももたろうさん、ももたろうさん」

やさしい黄色の、ほんのり甘くておいしいきびだんご。これさえ食べれば「十人力」なんですって。きっとこころもからだも元気になるでしょう。

わが家では、「がんばって」のエールを送りたいときに、きびだんごをつくります。お友だちの元気がないとき、これからいっぱい歩いて遠くへ行くとき……。けっこう効果がありますよ。

［用意するもの］

もちきび、きな粉、塩、さとう（精製されていないもの）、炊飯器、すり鉢、すりこぎ

1 もちきびを炊飯器で炊きます（きびの量に対して、水の量は1.2〜1.5倍くらい）。

炊きあがったもちきび。ほわ〜んと、どこかなつかしいにおい。

2 炊きあがったもちきびをすり鉢に入れ、すりこぎでペタペタとつきます。

すり鉢とすりこぎは、あらかじめ水にくぐらせておきましょう。

すり鉢は両手でしっかり押さえて。すりこぎで、ぺったん、ぺったん。

3 ときどき、手水をつけて、もちきびを返します。

「あっ、手についちゃった」なんて、お味見したくて、したくて。

4 全体が餅状になったら、手水をつけて、ちいさなだんごをつくり、きな粉（ひとつまみの塩と適量のさとうを混ぜたもの）にまぶします。

ちいさいのも、大きいのも。

5 お皿に盛って、できあがり。

食べやすい大きさにまるめて、きな粉をつけます。

おいしい顔です。うん、そろそろつきあがったみたい。

いただきまーす。
きびだんごで、元気いっぱいだよ。

あんこを包んでも、おいしいですよ。

books

◎『ももたろう』
松居直／文　赤羽末吉／画
福音館書店／刊　1,155円
赤羽末吉さんの絵が、おだやかに昔話の世界に引き入れてくれます。

ももたろうさんも、たくさん食べたかな？

輪になってたのしいゲームを①

わたしのとなりがあいてます

ゲームというと、ボードゲームやコンピューターゲームを思い浮かべる子どもが多いかもしれませんが、家族やお友だちが何人か集まったら、まあるく輪になって、自分のからだを動かしてあそぶゲームをしてみませんか？

3、4歳くらいのちいさな子どもにとって、複雑なルールのものは、むずかしすぎてたのしめません。こんな素朴なゲームを、ほのぼのとたのしんであそんでみてください。そんななかから、ルールや順番を身につけていくでしょう。

【あそび方】

人数プラス1枚分の座ぶとんをまあるく輪にして置き、ひとりずつ座ります。はじめは、あいた1枚の座ぶとんは、リーダーの右隣に置きます。

座ぶとんの代わりに、画用紙やハンカチなどを代用してもよいでしょう。

さぁ、何になりましょう？

♪ペンギンになって

♪きょうりゅうのうんち！？になって

わたしのとなりがあいてます

としくらえみ／作詞・作曲

わたしのとなりが　あいてます
○ ○ ちゃん △ に なって　きてください

歌詞の○には子どもの名前が、△には動物の名前が入ります。

♪わたしの
となりが
あいてます

1 あいた席（座ぶとん）の左隣のひとが「♪わたしのとなりがあいてます」の歌をうたいながら、その座席（座ぶとん）をたたきます。「○○ちゃん～」のところではだれかの名前を入れて「△に」のところでなってほしい動物の名前を入れてうたいます。

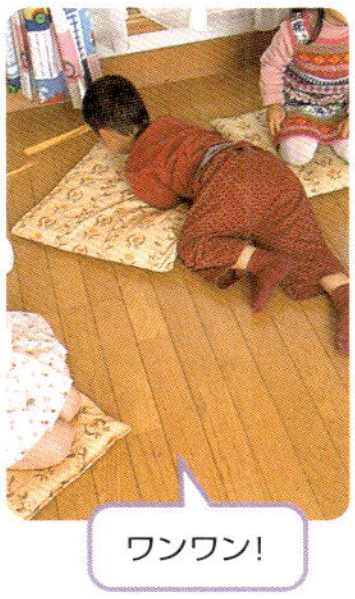

ワンワン!

2 「♪イヌになってきてください」と名前をうたわれたら、イヌのまねをしながら、あいている座ぶとんに行きます。「ワンワン!」って言いながらでもいいでしょう。

何になる…?

「♪ヘビになって～」「♪ウサギになって～」……と、いろいろ考えてくださいね。

3 次に、あいた席の左隣のひとが、隣に来てほしいひとの名前と、なってほしい動物を歌にしてうたいます。これをくり返します。

パオーン
♪ゾウ▲になって
ぴょん!
♪ウサギ▶になって
♪かいじゅう▶になって
ギャオ～!!

ふわふわだね

ちょっと、だっこさせて

ふわふわの羊毛の天使

子どもたちを見守ってね！

冬のひととき ①

聖なる夜に願いを込めて。
天使はやさしい気持ちを
届けてくれました。

クリスマスを迎える準備をする頃、ゆったりと日々を過ごしたいものですが、園や学校の行事に、家の飾りつけ、プレゼント選び……など、あれこれ忙しくなってしまいますよね。

子どもと一緒に、こんな「羊毛の天使」をつくって、お部屋に飾ったら、やさしい静かな空間が広がることでしょう。羊毛の束を結んだり、糸を結わえたりするだけで、天使が生まれるなんて、ちいさな驚きです。

窓辺や天井から下げたり、またはクリスマスツリーのオーナメントとして、飾ってみてくださいね。

クリスマスのわが家の「季節のテーブル」には、蜜ろうや木彫りの動物が集まっていて、その上に天使を飾ったら、森の動物たちを見守っているみたいです。

ある日、ヒロスケが「天使さんを、つくりたい」と言ってきました。ベッドのそばにかけておきたいのだそうです。
「寝てるとき、守ってくれるようにさ」

そういえば、この間読んだグリム童話『雪白とばら紅』に、子どもたちが森で眠っている間、守ってくれる天使のお話があったな。

クリスマスには、おじいちゃん、おばあちゃんや、大好きなひとたちへプレゼントしました。「メリークリスマス」のメッセージと一緒に。

ふわふわの
羊毛の天使

1 「からだ用」の羊毛の真ん中あたりで結び目をつくります。これが頭になります。

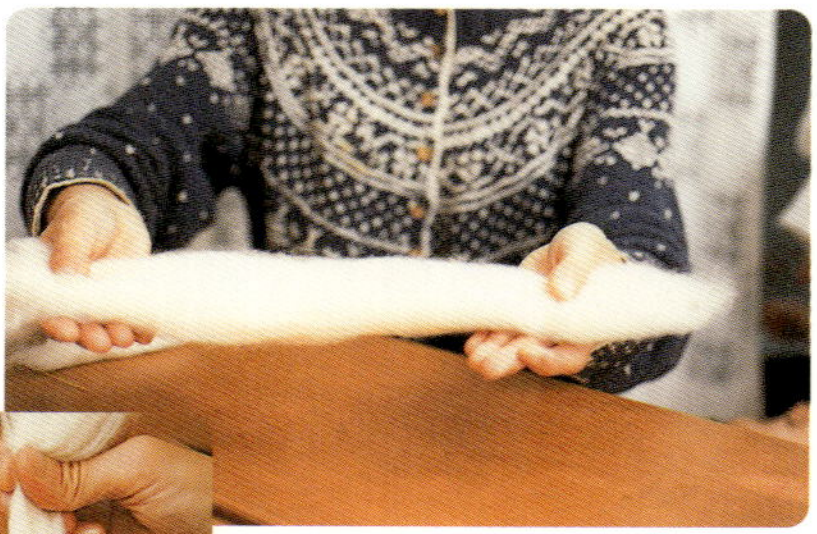

[用意するもの]

羊毛（繊維のそろったスライバー状のもの）[からだ用] 太め30cm 1本、[腕用] 細め10cm 2本、金や銀の糸、はさみ

2 結び目（頭部分）の上になったほうを後ろ側におろして、髪の毛のようにします。

4 背中側を向け、（髪にして）かぶせた部分を3等分にします。㋑と㋩は羽になります。

3 結び目（頭部分）の下、首になるところを（髪の毛も一緒に）、糸で結びます。糸は輪にして、つるせるようにします。

5

腕用の羊毛を真ん中で1回ねじって（写真①）、2つに折って玉にし（写真②）、そこを糸で結びます（写真③）。これが手になります。もうひとつも、同様につくります（写真④）。

①

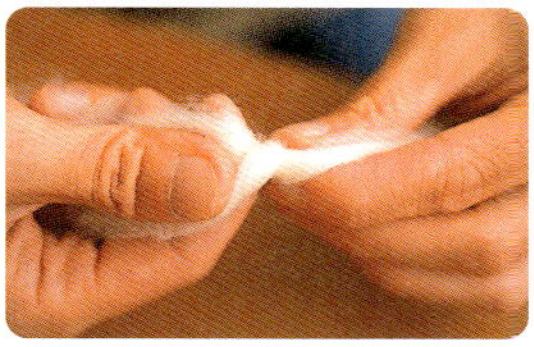

②

③

④

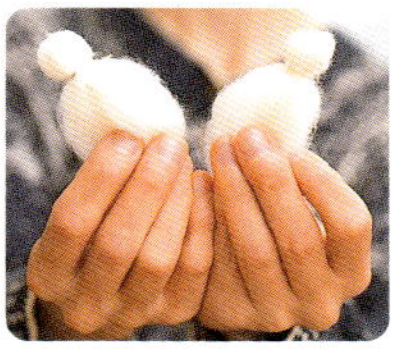

6

㋺を上に持ち上げ、背中の部分に、両腕をのせます。その上から㋺をかぶせます。

7

ウエストになるところを、糸で結びます。

ふわふわの天使。飾る前に、ちょっぴりさわったり、あそんだりしたくなりますね。

8

羽を整えて、できあがり。

羊毛って、すごいね

なんでもできちゃうね

冬のひととき②

魔法の針で、羊毛ボール

針を上手に使えるかな？

ふわふわの羊毛が、
不思議な魔法の針で、
固いボールになります。

ヒツジさんの毛。ふわふわで気持ちがいいです。さあ、この羊毛を丸いボールにしてみましょう。

「フェルトニードル」は、とても不思議な針で、羊毛にツンツン刺していくと、羊毛がだんだん固まっていきますよ。魔法の針みたいですね。

じつは、針の先のほうにちいさな溝があって、その溝で羊毛の細い繊維が絡まり合い、フェルト化するそうです。

針は、先がとても細くとがっていて、指に刺さると痛いです。ですから気をつけて、ゆっくり羊毛に刺しましょう。もちろん、それでも指など刺してしまうことはあります。

ちいさな子には無理と思われるかもしれませんが、少々なら痛いことも体験しながら、子どもたちは針や刃物の扱いを覚えていくでしょう。3、4歳くらいから大人の見守りのなかでしてみてください。

シャリシャリ……針を刺すたびに羊毛がどんどん固くなっていきます。

「ふわふわだった羊毛がボールになっちゃった!」

子どもたちもうれしそうです。とっても不思議でたのしい時間になりました。

ボールだけでなく、ままごとの野菜やくだもの、動物、人形、髪飾り……いろいろな形をつくってみてくださいね。

魔法の針で、
羊毛ボール

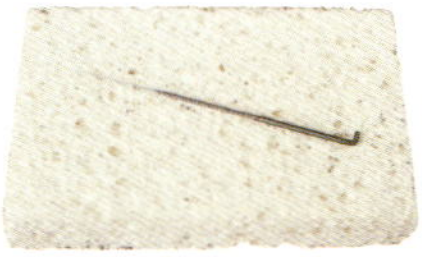

[用意するもの]

フェルトニードル、台になるスポンジなど、無着色の羊毛を大小の2種 (a)幅3cm×長さ10cmくらいのものを10枚ほど (b)5cm四方の薄く開いたもの2枚、表面になる色つきの羊毛を少々

1

無着色の羊毛で、芯をつくります。aの羊毛1枚を固めに巻き、指先できゅっとつぶします（写真②、③）。2枚目の羊毛を縦に置き、まるめた羊毛を芯にして巻き、ぎゅっとつぶします（写真④）。同様にして、10枚を巻き重ねます。

羊毛a ①

②

③

④

2

1 でつくった芯を、さらにbの羊毛2枚でくるみ（写真⑤、⑥）、ニードルで刺して球に整えます（写真⑦）。

⑤

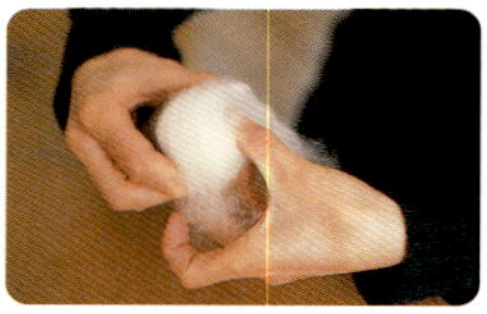

⑥

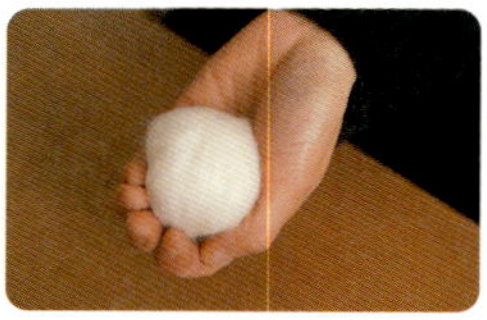

⑦

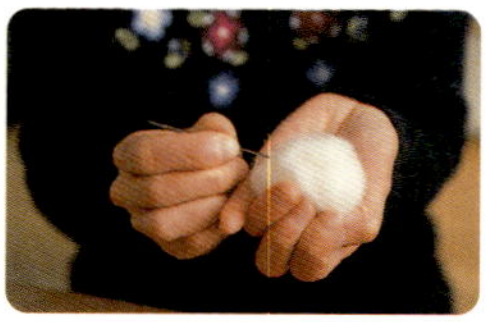

⑧

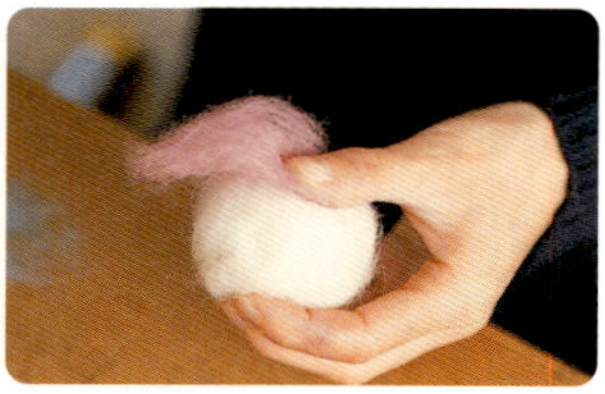

⑨

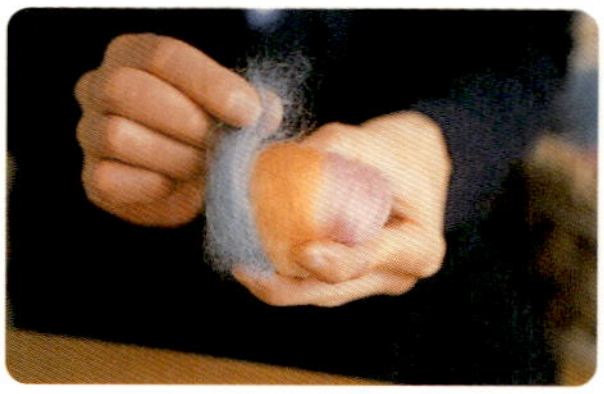

3

好みの色の羊毛をかぶせ、模様をつくります（写真⑧〜⑨）

4

手のひらに羊毛の球をのせて、フェルトニードルを刺していきます。転がしながら全体を刺して、フェルト化させます（写真⑩）。

⑩

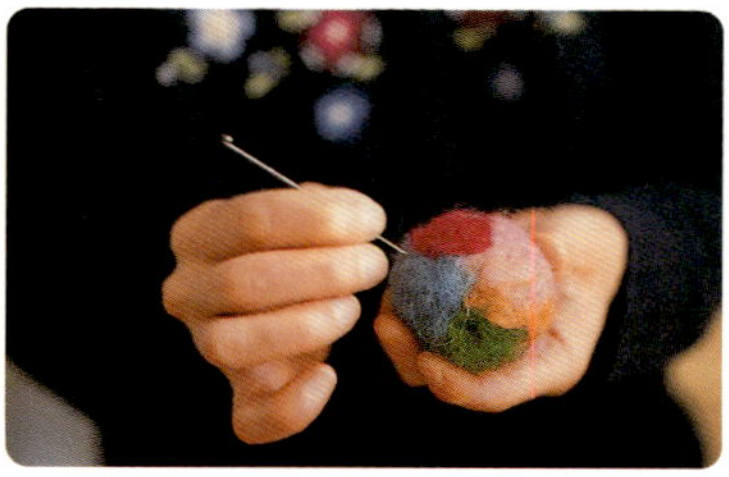

さあ、やってみましょう。

みるみるボールが固くなってきます。

白い羊毛をくるくると巻いて。

あっ、痛〜い！
フェルトニードルを指に刺してしまいました。気をつけて、気をつけて。

ハンカチをたたんで羊毛の下に敷いたり、スポンジなどの上で刺すと、手に針が刺さりにくくなります。
ちなみにヒロスケが台にしているスポンジは、Tシャツなどの工場から出た落ち布でつくったもの。

できた！　巣の上にいるヒヨコさんです。

黄色いボールがヒヨコのようだったので、目とくちばしをつけてみました。つけたい羊毛を、フェルトニードルで何度か刺すと、くっつきます。

goods

□羊毛とフェルトニードルのセット
（羊毛12色、フェルトニードル2本、テキスト1冊）
3,518円　羊毛・針は、ドイツ製
草木染めの自然な色合いが美しい羊毛と、専用針のセットです。付属のテキスト「羊毛あそび」を参考に、手づくり作品がたのしめます。

墨のマーブリングで書きぞめ

おもしろい模様ができたかな？

同じものは二度とできない、偶然が生み出す「和」の美しさ。

日本に古くから伝わり、いまも生活に息づいている「墨」。美しさと、こころ落ちつく静けさをくれます。

墨の色というと「黒」と思われがちですが、真っ黒ではないんです。和紙の上で、さまざまな墨色が浮かびあがります。見るひとのこころのなかに、さまざまな色を想像させてくれる感じがします。

筆で書く「書道」ではなく、墨で「マーブリング」をしてみましょう。

水を入れたバットの中に、墨を何滴かたらします。オイルをつけた指先で水面にふれると、墨が動き、思わぬ模様になります。そこへ和紙をかぶせると、その模様が和紙の上にそのまま写しとられます。

うずまき、波、雲の形？　魔法みたいで不思議です。そしてとっても美しい。「今度はどんな形になるかなあ！」と、何が生まれるかわからない瞬間をたのしんでいます。

お正月に、こんな「芸術作品」を飾るのもすてきですね。ランチョンマットや、封筒・便せん、包装紙、お年玉袋など、いろいろと使えそうですね。できあがった模様の上に、「書」をしたためてもしゃれてます。「和」の美しさをたのしんでくださいね。

墨のマーブリングで書きぞめ

［用意するもの］

和紙（半紙など）、バット、墨（墨汁）、筆、わりばし、クッキングオイル、小皿、新聞紙

1 バットに張った水の上に、筆に含ませた墨を、ポンポンといくつかたらします。

2 指先にほんのちょっとクッキングオイルをつけ、水面にふれると、墨がぱーっと広がっていきます。

！ 指でもう2、3か所ふれてもいいし、わりばしでそっと水面をなでて、模様を動かしてもいいですよ。

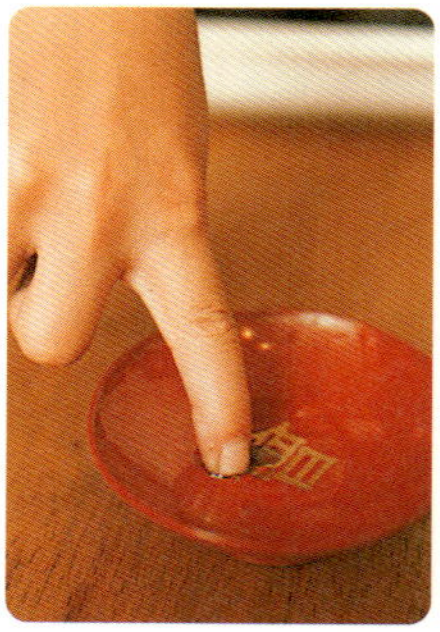

オイルは小皿に入れて。

3 模様のできた水面をおおうようにして、和紙をかぶせて、模様を写しとります。

4 和紙の両端をそっと持ち上げて（なるべく水平に）、表を上にして新聞紙にのせ、乾かします。

新聞紙の上に広げました。

! バットの水は、毎回替えなくても、何度か同じで大丈夫。

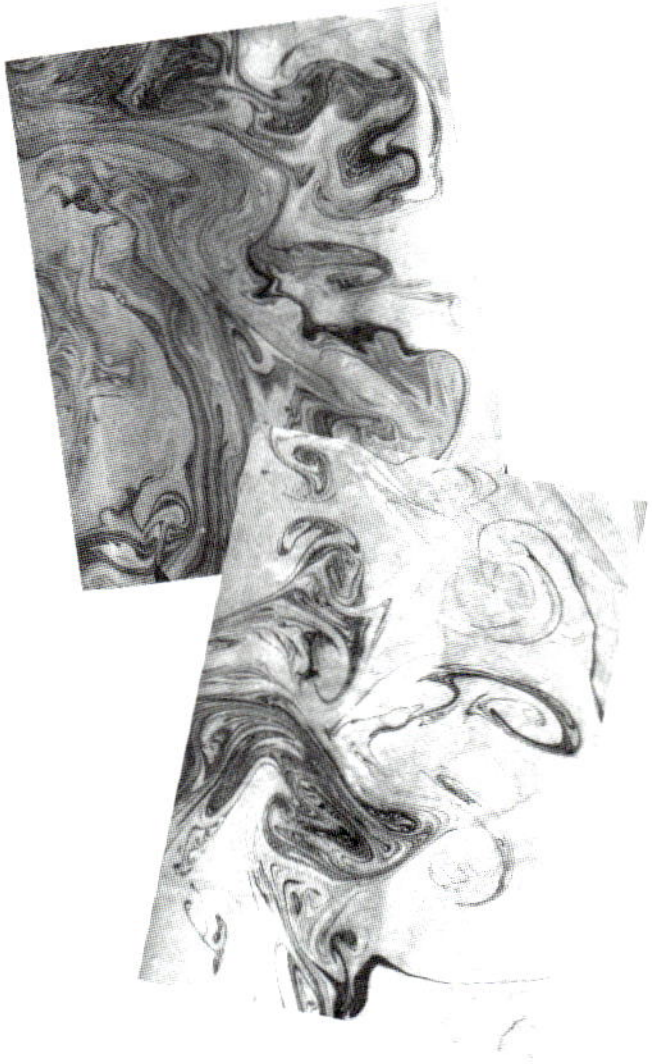

こんな模様ができました！

お正月用のランチョンマット。赤い千代紙で縁取りしました。掛け軸も、子どもたちのマーブリングです。「お月さまみたい」

これ、クマちゃんのふとんにしよう

あたたかそうね

冬のひととき ④

毛糸の織物をたのしもう

織りあがったら、何にしようかな？

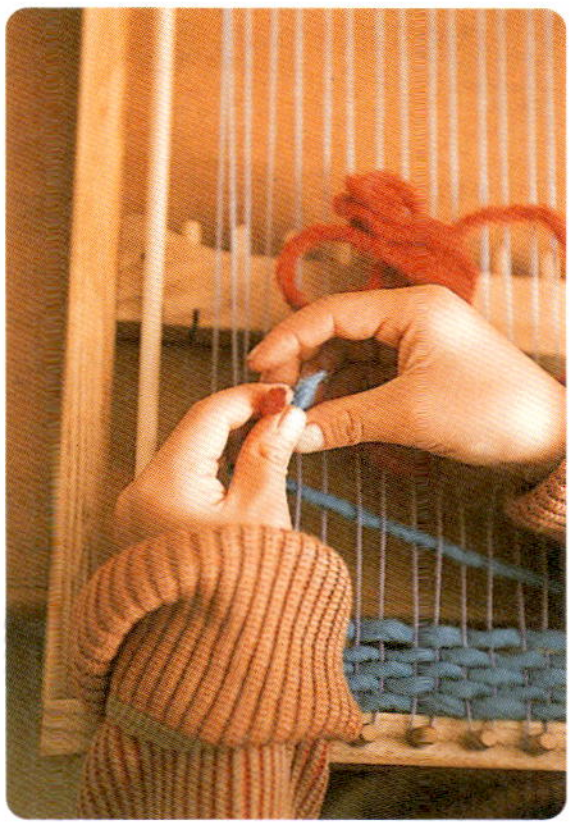

どんどん織れていくのが
たのしい！　おもしろい！
できあがったら、うれしい！

枠に張った縦糸に、上・下・上・下・上・下……と、横糸をくぐらせていくと、織物ができあがっていきます。

編み棒で編むのはむずかしくても、これなら5、6歳の頃にはできるようになるでしょう。まだできないお子さんにはまず、大人がやるのを見せてあげるといいと思いますよ。

糸の色をときどき替えて、"わたし色"の織物をつくりましょう。

織りあげるのは、けっこう根気がいります。何日もかかることもあります。でもそれだけに、できあがったらすごくうれしいもの。

糸を通すたびにだんだんとでき上がっていく織物は、ものの仕組みを体験するのにぴったりです。

少したいへんであっても、がんばって仕上げたという達成感とよろこびは、将来、「ものごとをやり遂げる力」になっていくでしょう。

さて、織りあがったらどうしよう？ヒロスケは、お人形のふとんにしました。オウジロウは、ポシェットにしたいんですって。じゃあ、丸い形をもうひとつつくってね。

織物あそびは、シュタイナー幼稚園で、大切な体験として取り入れられています。ものの成り立ちを知ることは、「ものごとを見通す力」になっていくそうです。

毛糸の織物をたのしもう

［用意するもの］

織り機（同様に使える枠）、縦糸（毛糸または、たこ糸）、横糸（太めの毛糸、ひも状で細長い羊毛、さいた布などをお好みで）、はさみ

1 縦糸は、使う枠の張り方に合わせて、張ります。

2 横糸は、扱いやすいように、長さ60〜70cmに切っておきます。

3 横糸を、枠の端の縦糸から順に、上・下とくぐらせていきます。枠の端にきたら、折り返して、同じように続けます。

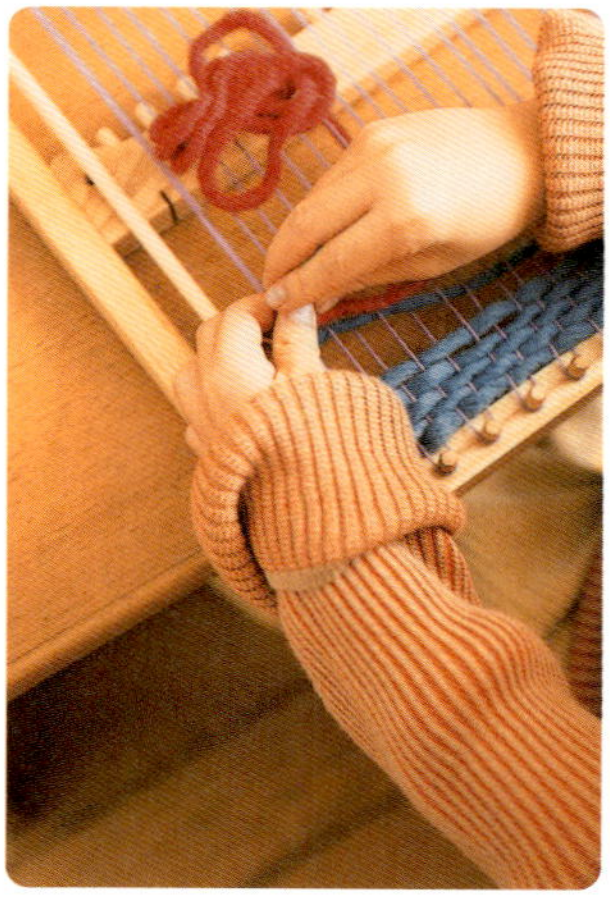

4 糸を替えるときは、前の糸が終わったあたりから、次の糸をはじめると、織りの中になじんでいきます。

円形の枠の使い方

枠に放射状に糸を張り、縦糸の最後を、中心部に織り込んでしまいます。そこに続けて、織りはじめます。円形の枠は折り返す必要がないので、四角の枠よりも簡単にできます。

1　糸の端を持ち、中心から順に縦糸の上・下へ、くぐらせます。

2　途中で色を変えたりしながら織り、縦糸を少し残します。

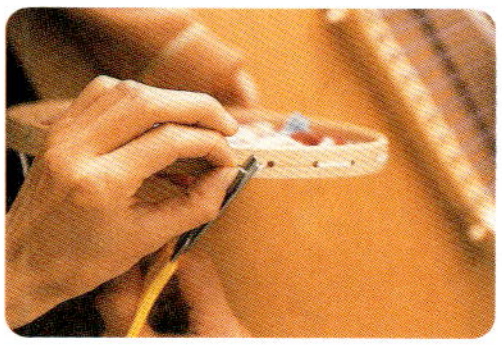

3　枠の外側に出ている縦糸を切って、枠からはずします。

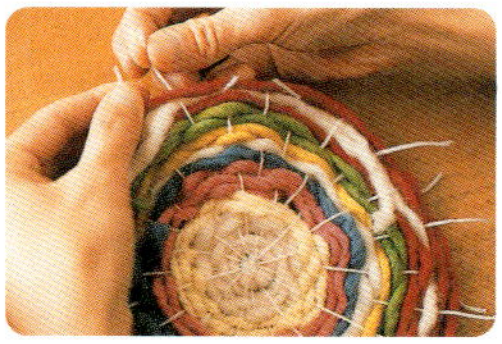

4　切った縦糸は、隣の糸どうしを結ぶと、ほどけません。

goods

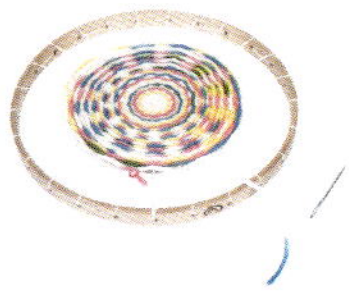

◎織り機・角型 23.5×30cm 4,410円
日本製／おもちゃ箱
◎円形織り機 直径21.5cm　2,205円
ドイツ製／ボレマニファクチャー
子どもに使いやすいようなシンプルなつくり。
織りかけを、壁にかけておくのも、すてきですよ。

5　ときどき手をくし代わりにして、織れた分を手前に寄せるようにします。

6　枠の最後にきたら、糸の端を織りの中に入れ込んでしまいます。枠からはずして、できあがり。

クマちゃんのおふとんと、ポシェットができました。ポシェットは、円形枠で織ったもの2つを縫い合わせてつくります。

やりたいな

切ってくれる？

冬のひととき 5

たっぷり野菜のスープ

お鍋でコトコトいいにおい

きらいだった野菜も
自分で切ったらおいしい。
お料理はたのしいね。

大人がごはんの支度をしていると、子どもたちが興味深そうにのぞきます。包丁で切ったり、箸でかき混ぜたり、フライパンでジュウジュウ焼いたりするのを見て、「おもしろそうだな」「やりたいな」と手が出てきます。

あぶないからなあ……とも思いますが、「一緒にやってくれる?」って誘ったら、子どもたちは大よろこび。すぐさま踏み台を持ってきて、手を洗いました。

子どもはこうして手順を身につけます。

それは、生活していくためにとても大切なことで、もしも手順を知らないと、まるのままの野菜をお鍋に入れてしまったり、お皿にのせてレンジであたためるだけと思うかもしれませんね。

どうぞ、「静かにビデオでも見ててね」なんて言わないで、子どもたちに、たのしくごはんをつくっている様子をいっぱい見せて、手伝わせてあげてくださいね。

また、自分で切ったことにより、いままできらいだったお野菜も、おいしく食べられるようになることもあります。ヒロスケもオウジロウも、「これ、ぼくが切ったんだよ」なんて、ちょっと得意気です。

ネギの皮をむいたり、切った野菜をお鍋に入れたり、お味見をしたり……。ちいさな子どもにもできそうですね。

たっぷり野菜のスープ

［用意するもの］

お好みの野菜（たとえば白菜、長ネギ、にんじん、きのこ、大根、青菜など）や、だし用の昆布・酒・しょうゆ、薬味用のかぼすやすだちなど。包丁、まな板、ピーラー、お鍋（土瓶）。

調理台に届きやすいように、
踏み台を用意するといいですね。

1 野菜を切ります。

キノコは手でさきましょう。

包丁を使うとき、押さえる手は指を丸めて「ネコの手」に。

にんじんなどの皮むきはピーラーで。
押さえる手の位置に気をつけて。

食材は、自然食品店から届けてもらっています。子どもたちも「Uさんの野菜でしょ」と、顔も味もおなじみです。

全部の材料を切り終えました。

2 だし昆布、水、酒を入れたお鍋に、野菜をそうっと入れて、火にかけます。

3 いいにおいがして煮えてきたら、おしょうゆを少々入れて、コトコト煮ます。

4 さあ、できあがり。フタを取るこの瞬間も、お鍋のたのしみ。

5 一人ひとりの小鉢に取って、かぼすやすだちなどをキュッとしぼっていただきます。

取り分けて、注ぎ口からお汁をトクトク。
わが家愛用の土瓶は、もとは漢方薬用です。

goods

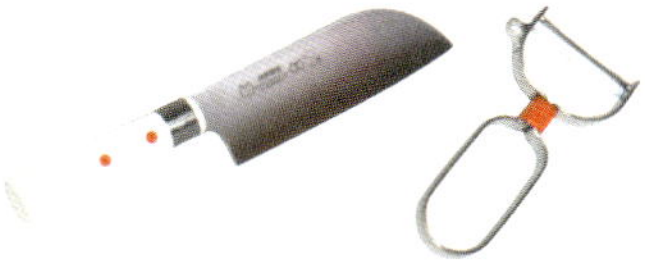

① 子ども用包丁　約16cm　2,835円
② 子ども用ピーラー　約13cm　788円
ともに日本製／川嶋工業
ちいさな手にもしっくりなじみ、重さ、刃の長さも使いやすいです。子どもたちも「マイ包丁」があってうれしそう。

輪になってたのしいゲームを②

ワンちゃん、骨がなくなったよ！

わたしが子どもだった頃は、イヌは骨が大好物のように絵などにも描かれていたけれど、最近は、そうでもないのかな……。

　さて、イヌがオニになるゲームをしてみましょう。

　ワンちゃんが、大事な骨をそばにおいたまま昼寝をしていたら、だれかが骨を持っていっちゃった！

　みんなでワンちゃんに知らせてあげましょう。だれが骨を持っているのかな？　目をさましたワンちゃんが、当てるゲームです。


骨を取りに行くひとは、そっと忍び足ができるかな？　ふだんの生活では、そんなことめったにしないですものね。

　まわりのひとも、静かに、静かに……。緊張のときです。

　おしりの下に隠した骨が見つからないかとドキドキしたり、「ぼくのところにこないかな」とワクワクしたり……。

　簡単なゲームですが、ちいさな子どもも一緒にたのしめますよ。お友だちや親せきがあそびにきたとき、お誕生日会のときなどに、このゲームをたのしんでくださいね。

積み木や、木の枝、石ころなど、
骨にするものを用意します。

ちょっと
ひとあそび

1

輪になって座ります。

輪になってすわります。ワンちゃんになるひとを決めます。

2

ワンちゃん役のオニは、目を閉じます。

ワンちゃんは、輪の真ん中で顔を伏せます。骨を取りに行くひとをひとり決めます。大人が目くばせをし、「あなたね」と示してあげます。

3

指名されたひとは、ワンちゃんに気づかれないように、そうっとワンちゃんのまわりを一周まわってから骨を取り、もとの場所に座ります。骨は、自分のおしりの下に隠します。

そ〜っと。

急いで隠して…・。

4

みんなで「ワンちゃん、骨がなくなったよ!」と、ワンちゃんに声をかけます。

せーので、ワンちゃんに声をかけます。

5

ワンちゃんは起きて、骨を取ったひとを探します。輪の中を歩きまわって、あやしいひとの前に行って、「ワン!」とほえます。

うーん、このふたりがあやしいなぁ。

6

ワンちゃんにほえられたら、立ち上がっておしりの下に骨を隠しているかどうかを見せます(当たらなければ、また別のひとに、「ワン!」)。

7

骨を隠しているひとが見つかったら、こんどはそのひとがワンちゃんです。

あー、見つかっちゃった!

シュタイナー教育と出会って

わたしがいちばん大事にしているのは、いつも感じているということです。たとえば、服、インテリア、音楽……身のまわりのものやことが、自分にとって、また子どもたちにとって気持ちいいか、何が大切なのか、感じてみます。こうして目には見えないアンテナを立てていると不思議なことに、そのアンテナに特別上等なものがいろいろと引っかかってくるのです。「これは、絶対やらなくちゃいけないことだぞ」って思えることがときどきあります。わたしの人生はそうやって創られてきました。「シュタイナー教育」に出会ったのもそう。たまたま通りかかって目にとまった本*に呼びとめられたことが、ドイツのシュタイナー幼稚園に研修に行き、スイスの絵の学校に学ぶきっかけとなりました。

「シュタイナー」の何が、わたしのこころを動かしたのでしょう?

「こんなおもしろい教育を受けてみたかった」と思いました。「自然素材でできた素朴なおもちゃをそろえたら、すてきだな」「こんなふんわりとした絵が描けたらな」とも。でも、そういう表面的なことだけではないようです。シュタイナー教育は、「自由への教育」です。自分で考え、自分のこころを動かし、自分で行動できるひとを育てる教育。わたしも、それを目指してみようと思ったのです。

シュタイナー教育を勉強していると、これをしてはだめ、これをしなくちゃだめという制約のようなものを感じることがありますが、それを鵜呑《うの》みにしてしまうと、かえって子どもたちを苦しめることになってしまうこともあります。それに、みんながみんな同じように成長し、同じことをするのではへんです。自分の思考と感覚をつかって選べたら、もっと自由になれると思うのです。

そんなわけで、この本に紹介したなかで「これもシュタイナー教育?」と思われるものもあるかもしれないけれど、やっちゃいけないことはわずかで、やっていいことは子どもの表現の数ほど無限にあるはずです。「子どもたちに愛と畏敬《いけい》の念を抱くように」とシュタイナー**は言っています。具体的にどうしたらいいのかよくわからないけれど、そういう目で子どもたちを見つめてみます。すると、自分は大人だから、子どもに教えてあげるんだ、という傲慢《ごうまん》な考えが消えていきます。〝畏敬の念〟というと堅苦しいけれど、子どものまあるい魂に、あれこれむりやりくっつけたり、これはだめよと引きはがしたりせずに、そのまま受け入れてあげることなのかなと思います。そうすると、子どもが自分で成長する力を信じることができる気がします。また、子どもの表現から、大切なメッセージを教えてもらうこともあります。

わたしは、たいていフワフワ空中をさまよっています。「次はこれしよう」「あれもいいな!」と。すると、ヒロスケは「ママ、おもしろそうだね。ぼくもしよう」とすぐ後ろにくっついてきますが、ものを斜めから眺め、立体的に表現してくるので「こんなやり方もあるのか」と感心してしまいます。また、オウジロウは、フワフワ浮かび上がっているわたしに、「ママ、オウちゃんはこっちがいいな」というひとことを。足元を見ずに夢見がちになっているわたしに、地に足をつけるように促してくれているかのようです。

音階にたとえてみると、わたし「ラ」、ヒロスケ「ソ」、オウジロウ「レ」、こんな音でしょうか。これからも、一人ひとりの「音」を美しく響かせ、おたがいにハーモニーを築きながら、わたしたちの「音楽」を創っていきたいな。

みなさんも、こころのなかに豊かに響く〝キンダーライムなひととき〟を、どうぞたのしんでくださいね。

*『魂の発見　シュタイナー学校の芸術教育』(子安美知子/著　音楽之友社/刊　河出文庫版も)

**ルドルフ・シュタイナー(1861-1925)オーストリア生まれの哲学者。「アントロポゾフィー」という人智学を創設。精神や魂の自由を目指すシュタイナー教育をはじめ、芸術・建築・農業・医学・社会学でも、「アントロポゾフィー」に基づく実践が世界各地に広がっている。

としくらえみ

東京生まれ。幼稚園勤務ののち、1987年〜1988年にはドイツ・デュッセルドルフのシュタイナー幼稚園で実習。1991年にスイスのゲーテアヌム絵画学校でシュタイナーの色彩理論に基づく水彩画を、2007年〜2008年にドイツのマルガレーテ・ハウシュカシューレで芸術療法を学ぶ。東京で、アトリエ・キンダーライムを主宰。 各地でも、 定期的に教室を開催。 http://web.me.com/kinderreim/

●著書

『魂の幼児教育ー私の体験したシュタイナー幼稚園』
ドイツで体験した幼稚園の実践を、イラストや楽譜もまじえて紹介します。
(イザラ書房/刊　2,345円)

『子ども・絵・色　シュタイナー絵画教育の中から』
絵を描くと、こころがいきいきするのは、思いを表現し、創造できるから。
(イザラ書房/刊　2,205円)

『ちいさな子のいる場所　妊娠・出産・私の家のシュタイナー教育』
子育てのなかで生かしたい、家庭でできるシュタイナー教育のエッセンス。
(イザラ書房/刊　2,100円)

●絵とクラフトの教室

香川・高松「トゥインクル☆トゥインクル」TEL087-867-7328
静岡・浜松「シンプリィ・ショップ」TEL053-447-7790
愛知・刈谷「カルテット」TEL056-628-3933

キンダーライムなひととき

としくらえみ・著

発行日　2006年9月第1刷
2010年1月第2刷

発行人　落合恵子
発　行　クレヨンハウス
東京都港区北青山3-8-15
TEL. 03-3406-6372　FAX. 03-5485-7502
shuppan@crayonhouse.co.jp
http://www.crayonhouse.co.jp/
印　刷　中央精版印刷

［月刊クーヨン］（クレヨンハウス発行）
2004年4月号～2006年3月号に掲載した
「ひだまりの子ども部屋」に加筆し、編集しました。

撮影／宮津かなえ
イラスト／宮澤ナツ
ブックデザイン／富岡洋子
撮影協力／あずささん、りかさん、
一天《そらん》さん、花さん、日向《ひな》さん

ISBN4-86101-062-4　C0072　100P　24cm
JASRAC出0609538-902

乱丁・落丁本は、送料小社負担にてお取り替え致します。
価格はカバーに表示してあります。

BOOKS●紹介した本についてのお問い合わせは、
クレヨンハウス 子どもの本売り場まで
TEL. 03-3406-6492　FAX. 03-3407-9568

GOODS●紹介したアイテムについてのお問い合わせは、
クレヨンハウス クーヨンマーケットまで
TEL. 03-3406-6420　FAX. 03-3407-9568
本文中に掲載の価格はすべて税込価格で、2009年12月現在のものです。
版元やメーカーの都合で、仕様や価格等が変更になる場合もあります。

協力／おもちゃ箱